Petra Maria Schöller

ZUCKERWATTE

Petra Maria Schöller

Zuckerwatte

...das Leben ist süß!?

Dieses Buch dient als Hilfe zur Selbsthilfe.

Sinnvoll wäre es, immer nur ein Kapitel zu lesen und sich mit diesem Thema dann zu beschäftigen.

Jede Seele ist am Weg der Bewusstwerdung und weiß genau, wann der richtige Zeitpunkt ist, für welches „Lernthema".

Jede Weiterentwicklung ist eine Chance!

Dieses Buch ersetzt keine Therapie oder Arztbesuch.

Bibliographische Informationen der Nationalbibliothek:
Die deutsche Nationalbibliothek verzeichnet diese Publikation in der deutschen Nationalbibliografie; detaillierte bibliografische Daten sind im Internet über http://dnb.dnb.de abrufbar.

© 2006 by Mag. Petra Maria Schöller,
A-4073 Wilhering, Am Braunspergergut 3
Neuauflage 2018
Alle Rechte liegen bei der Autorin.

Herstellung und Verlag: BoD-Books on Demand, Norderstedt

9 783752 877175

Kann es sein, dass du dich manchmal elend fühlst?

Dass du antriebslos, schlecht gelaunt oder ohne Motivation bist?

Was sind deine ersten Gedanken, wenn du versuchst, diese Gefühle zu ergründen?

Ich nehme mit ziemlicher Sicherheit an, deine Gedanken richten sich auf die äußeren Einflüsse, denen du gerade ausgeliefert bist. Es könnten deine Kollegen schuld sein, dein Chef, die Kinder, der Partner...

Meist nie du SELBST!

Du schiebst deine Probleme lieber anderen zu und beginnst dich zu trösten, indem du dir Dein Glück kurzfristig kaufst, mit Dingen wie Schokolade, Kleidung, Alkohol?

Ist das nicht wie der Genuss von *„Zuckerwatte"* am Jahrmarkt? Du kannst kurz ein wenig Freude genießen. Doch recht bald zerfließt die Watte in deinem Mund und es bleibt nichts, als ein klebriges Gefühl am Gaumen und zwischen den Zähnen. Das Leben ist dann... *„süß"*?

Diese Freude ist nur von kurzer Dauer und das Bedürfnis nach einem neuerlichen „Glücksgefühl" ist gleich wieder präsent. Positive Gefühle kannst du nicht ständig kaufen, du kannst sie aber sehr leicht in dir selbst entdecken.

In diesem Buch will ich dir Anregungen geben, welche Wege du beschreiten kannst, um Schritt für Schritt mehr Freude und Ausgeglichenheit in deinem Leben zu erlangen.

Der Genuss von „Zuckerwatte" ist zu wenig!

5

INHALTSVERZEICHNIS

7

Wie süß ist das Leben wirklich?
Was ist der Sinn des Lebens?

Das zu beurteilen ist nicht so einfach und für jeden anders.
Vielleicht hast du dir diese Frage auch noch gar nicht gestellt?

Oder doch?

Manchmal stellt man sich diese Frage nach einem schweren
Schicksalsschlag…

WAS IST DER SINN MEINES LEBENS?

Es gibt Menschen, die erleiden einen Schicksalsschlag nach dem
anderen, ohne zu fragen, wozu ihr Leid da ist.
Sie ärgern sich und fühlen sich in die Rolle des Opfers gedrängt,
sie wollen nicht erkennen, dass sie es selbst sind, die diesen
Zustand herbeigeführt haben.

Jetzt höre ich die kritischen Bemerkungen…

Na, so kann man das nicht sagen…
Nein, bei mir ist das deshalb so, weil…
Bei mir sind eindeutig meine Eltern schuld…
Mein Partner machte mich zu dem, was ich bin…

Solche und ähnliche Antworten erwecke ich, wenn ich sage:

Du selbst bist der Verursacher deines Schicksals.
Du bist nicht das Opfer!

Das zu verstehen ist nicht sehr einfach, zumal wir durch unsere
Erziehung, durch unsere Verhaltensmuster geprägt werden. Von
Kindheit an eignen wir uns Charakterzüge an, die uns schützen.

Das ist die einfachste Art zu leben, zu „überleben. Dieser Selbstschutz ist auch sehr wichtig.

Aber wollen wir wirklich erkennen, warum wir Probleme haben, was die Ursache dahinter ist, was der Sinn des Daseins ist, dann ist es notwendig über die geistigen Gesetze Bescheid zu wissen.

Ich möchte durch dieses Buch Bewusstsein schaffen, dass es mehr gibt, als wir mit unseren Sinnen wahrnehmen können.
Es gibt im Universum Gesetze, die wirken, egal ob wir an sie glauben oder nicht, egal, ob wir von ihnen wissen oder nicht.

SIE WIRKEN – DIE GEISTIGEN GESETZE

Gesetze, die unser Leben und unser Schicksal beeinflussen. Sie werden auch universelle Gesetze, kosmische Gesetze oder Lebensgesetze genannt.

Ihre Auswirkungen sind enorm und deshalb bin ich der Meinung, es ist leichter mit deren Kenntnis zu leben, als ohne!

DENN DU ALLEIN BIST HERR/ FRAU DEINES SCHICKSALS! DU ALLEIN ENTSCHEIDEST ÜBER DEINEN LEBENSWEG!

Viele großen Künstler, Heiler und Gelehrte hatten Kenntnis von diesen Gesetzen (Goethe, Pythagoras, Einstein…) und haben sie genutzt. Wir kennen die Ergebnisse.

Ich möchte diese Gesetze in diesem Buch anhand von Fragen, die mir in Beratungen immer wieder gestellt wurden, veranschaulichen.

Es gibt etwas Höheres, das auf uns einwirkt.

Es ist ein Wirken, das wir aber sehr wohl beeinflussen können, durch

DIE ART UND WEISE, WIE WIR LEBEN

Insgeheim wissen wir,

dass es Dinge gibt, die uns manchmal unbegreiflich sind,
dass es Dinge gibt, die auf uns einen starken Einfluss haben,
dass es Dinge gibt, die „woanders" gesteuert und gelenkt werden.

Genau das ist das Wirken der geistigen Gesetze!

Wir wundern uns vielleicht, warum Naturkatastrophen die Erde
heimsuchen, warum manche Menschen so leiden müssen, warum
so großes Elend in manchen Regionen herrscht?

Wenn wir das Leben verstehen wollen, kommen wir nicht umhin,
uns mit diesen LEBENSGESETZEN zu beschäftigen.

DIE QUINTESSENZ UNSERES DASEINS

Ich habe die juristischen Gesetze studiert - interessant, lehrreich,
notwendig, um unser Zusammenleben zu regeln.
Dann aber habe ich mich mit den geistigen Gesetzen beschäftigt –
hier geht es um die wahre ESSENZ des Lebens.

DAS LEBEN VERSTEHEN
mit Hilfe DER GEISTIGEN GESETZE

Sie wirken, ob du willst oder nicht!

DER WAHRE SINN DES LEBENS –
DIE QUINTESSENZ DES SEINS

DAS OBERSTE GESETZ: DIE WIEDERGEBURT

Wiedergeburt oder Reinkarnation
Von diesem Gesetz leiten sich viele anderen ab und nur wenn man an die Wiedergeburt glaubt, erkennt man sein DASEIN.

Bis ins 4. Jahrhundert nach Christus glaubten Christen, Juden, Hindus...an das Leben nach dem Tod. Derzeit sind es über 75% der Weltbevölkerung.
Auch Jesus lehrte diesen Glauben und mittlerweile konnte dies auch schon wissenschaftlich belegt werden.

Könnte ich mich nicht selbst an verschiedene Leben vor meinem jetzigen Dasein erinnern, würde ich mir nicht anmaßen, diese Zeilen hier zu schreiben.
Denn im Grunde steckt noch ein Stück „Juristin" in mir, die alles bewiesen haben möchte.

Tatsache ist:

DU BIST SEELE und NICHT nur KÖRPER!

Vom obersten Gesetz, dem Gesetz der Wiedergeburt leiten sich viele andere bedeutende Gesetze ab.

Das Gesetz von Ursache und Wirkung (was du säst, das erntest du), das Gesetz der Gerechtigkeit, das Gesetz der Harmonie, das Gesetz der Liebe...

Durch die geistigen Gesetze beginnt das Leben und durch sie endet es, mit ihnen beginnt die Zeitrechnung und endet sie.

Wer diese Gesetze kennt und vertraut, der wird sein Leben verstehen.

Wir kommen auf die Erde und mit unserer Geburt ist schon vieles vorherbestimmt.
Wir haben uns die Eltern ausgesucht, das Umfeld, das Land, wo wir in diesem Leben vorhaben, anstehende Aufgaben zu meistern.

Die Seele ist auf ihre nächsten Lernaufgaben vorbereitet und hat den Willen, dass was sie sich vorgenommen hat, „durchzuziehen". Sie will sich weiter entwickeln und strebt nach Vollkommenheit.

Dazu bietet ihr das Leben ständig Chancen. Diese muss der Geist nur verstehen, damit der Körper nicht leidet 😊

Die Seele kennt ihr Ziel und wählt den entsprechenden Weg, wo sie glaubt, sich entwickeln zu können.

Doch oft funkt das Ego dazwischen. Wir kommen von „unserem Weg" ab, weil wir uns verführen und ablenken lassen.

Die Seele kommuniziert ständig über den Körper mit uns. Doch wie oft hören wir wirklich hin? Meist ist es dann schon zu spät.

Nicht nur der Körper ist Barometer unseres „geplanten Weges", auch das Umfeld. Aber erkennen wir das?
Wir leiden und erkranken, ohne zu wissen, warum. Die Alarmglocken nehmen wir nicht sofort wahr oder wollen sie nicht wahrnehmen? Wir müssen ja funktionieren.

Wenn wir unsere Entwicklungschancen nicht erkennen, kommt es zu Schmerz und Leid. Dann kann es zu Schicksalsschlägen kommen, Abhängigkeiten oder Krankheiten.

Das Leid wird größer, wenn wir nicht „VERSTEHEN LERNEN".

DIE GEISTIGEN GESETZE sind die GRUNDLAGE, DEN SINN DEINES LEBENS zu verstehen.

13

Im Laufe meiner Lebensberatertätigkeit beobachtete ich, dass viele Menschen auf der Suche sind...auf der Suche nach dem Sinn...

Die nachfolgenden Lebensfragen versuche ich mit dem Wissen um diese universellen Gesetze zu beantworten.
Kombiniert mit Übungen und Meditationen sollen diese Erkenntnisse in den Alltag integriert werden können.

Bewusst SEIN soll geschaffen werden.

Was ist der Sinn einer gegenwärtigen, unangenehmen Situation?

Dies ist für Außenstehende oft sehr leicht zu erkennen. Den Sinn der eigenen Probleme heraus zu finden, ist ungleich schwerer.

Doch aus genau diesem Grund haben wir das Thema „am Tisch":

UM es zu LÖSEN!

Das heißt, sich den geistigen Sinn dahinter bewusst zu machen, ihn zu verstehen und natürlich in der Folge auch etwas zu ändern!

ICH WÜNSCHE MIR

- dass Menschen ihre eigene Lebenssituation entschlüsseln lernen
- dass mehr Kraft in der Meditation und Stille gefunden wird
- dass ich mit diesen Zeilen das Bewusstsein Vieler erweitern kann

HÖRE BEI DEN FOLGENDEN SEITEN AUF DEINE INNERE

WEISHEIT UND LASS DICH INSPIRIEREN

Kein Bild entstand durch Zufall, das Unterbewusste ließ Farben und Formen zu Tage treten, deren Bedeutung ich erst viel später erkannte.

Die Form der Kugel ist für mich das Symbol der Vollkommenheit, der Ganzheit.
Die Farbe Gelb ist die Farbe der Freude, des Lichts. Orange ist für mich die Lebensfreude, die Lebenskraft.

Auch der religiöse Aspekt kam immer wieder zum Vorschein, wie ich mit Erstaunen erkennen konnte:
z.b. die Schlange, die für mich einen Zusammenhang mit der Vertreibung aus dem Paradies dargestellt, um die Auseinandersetzung mit Gegensätzen, der Dualität der Dinge, wie Gut und Böse, Himmel und Erde, männlich und weiblich, oben und unten.

Die Engelsbilder, die nach Gruppenmeditationen entstanden sind, sind mir besonders ans Herz gewachsen: meine himmlischen Freunde und Helfer, die ich immer und überall bitten kann und die auf meine Wünsche hören.

ZUR MEDITATION:

Suche dir einen gemütlichen Platz, setze dich bequem hin, entspanne, atme ruhig, lass dich ein, ...

Genieße die Zeit für dich!

Höre in dich hinein!

Du kannst nichts falsch machen, VERTRAUE!

15

Warum gibt es uns Menschen?

MEDITATION

Lieber Gott, Jesus Christus, Buddha, göttliche Quelle, Urenergie
(wie immer du dieses „GRÖSSERE GEHEIMNIS" auch nennen willst.)

EUER WILLE GESCHEHE, IM HIMMEL UND AUF ERDEN
EUER WILLE GESCHEHE, IN MIR und UM MICH

IHR FÜHRT MICH ZUR VOLLKOMMENHEIT. Dafür DANKE ICH.

Gott schuf am 6. Schöpfungstag, Adam und Eva. Doch sie waren nicht Menschen, wie wir. Sie waren feinstofflicher, lichterfüllter und ihr Bewusstsein war ein völlig anderes.

Was heißt das „übersetzt"?

Dieser paradiesische Urzustand kannte keine Gegensätze wie Gut und Böse, Licht und Finsternis, Freud und Leid. Sie waren Eins, Eins mit GOTT, diesem „Größerem Geheimnis". Eins mit der Natur, Eins mit dem Universum. Diesen Zustand des Alls EINS Seins kannten diese beiden Menschen: Adam und Eva.

Genau diese Erkenntnis müssen wir wiedererlangen: das Bewusstsein, ein Teil Gottes zu sein.

Adam und Eva lebten in einer Welt voll Licht, voller Glückseligkeit, voll des Überflusses. Diesen paradiesischen Urzustand wiederherzustellen, ist das Ziel unseres Seelen Weges. Gott hat den Menschen unsterblich erschaffen, und es ist dein Geist, deine Seele, die sich weiterentwickelt, Leben für Leben, um dieses Ziel wieder zu erreichen. Diese „Weiterentwicklung", spüren wir: Probleme, Krankheiten, Sorgen plagen. Zeichen, vom Weg abgekommen zu sein.

So wie der Mensch im Paradies geprüft wurde, so werden wir derzeit geprüft:
Vom Baum der Erkenntnis von Gut und Böse sollten Adam und Eva nicht essen. Doch die Schlange verführte Eva und sie aß die Früchte. Der Mensch veränderte ab diesem Zeitpunkt seinen Bewusstseinszustand. Er wurde grobstofflich, dicht und fest und das Licht konnte nicht mehr durch ihn fließen. Andere Kräfte wirkten.

Wie sieht es derzeit aus? Wir lassen uns ständig verführen, vom Baum des Materiellen, essen die Früchte des „Ego Samens", lenken uns mit unwichtigen Dingen ab.

17

WIR SOLLTEN SCHNELL ERWACHEN!

Wir können uns derzeit diesen paradiesischen Zustand noch nicht vorstellen, den wir wieder erreichen sollen. Deshalb aber sind wir hier, um Leben für Leben vollkommener zu werden, über die Prüfungen, die das Leben bereithält.

Du und ich, wir gehen den Weg der ununterbrochenen Evolution. Jeder von uns erhält Leben für Leben Prüfungen und Möglichkeiten, sich weiterzuentwickeln, sein Bewusstsein zu verändern, lichtvoller zu werden, um seinen grobstofflichen Körper in einen feinstofflicheren zu wandeln.

Dies gilt es zu erkennen!

Übung:
Lege dich hin, schwinge dich ein, in den universellen Rhythmus. Atme ein und atme aus und spüre die Schwingung des Kosmos. Spüre die Verbindung zu allem.

Die Schlange war es, die Eva verführte. Das war kein schlimmer Fehler, sondern der Beginn unseres Entwicklungsweges.

Der Beginn der Evolution, der ständigen Veränderung.
Alles verändert sich seither, die Natur, der Mensch, der gesamte Kosmos. Nichts ist einmalig, die gesamte Schöpfung, jeder Augenblick.

Das GESETZ DER EVOLUTION besagt, dass nichts Bestand hat, nichts kann so bleiben, wie es gerade ist. Nichts kannst du festhalten. Alles was beginnt, endet auch. Aber alles ist aus diesem EINEM gemacht und das EINE ist in allem.

Deshalb ist die Schlange nicht Symbol des Bösen, sie stellt nur beide Seiten dar, Gut und Böse, die in jedem Menschen stecken und uns Leben für Leben begleiten.

Es hängt immer von dir selbst ab, mit welchen Kräften du arbeitest, in welchem Bewusstseinszustand du dich befindest...
Die Schlange ist der Teil in dir, der dich immer in Versuchung führt, der dich prüft.
Deshalb ist sie gut für dich, denn sie dient deiner Weiterentwicklung.

Einige Millionen von Jahren ist es schon her, dass es diese göttliche Ordnung gibt.
Gott hat es nicht eilig, deinen unsterblichen Geist in diesen paradiesischen Urzustand wieder zurückzuführen. Viele haben es auch schon geschafft, doch du bist noch Teil dieses Szenariums und deine Aufgabe besteht darin, dich zur göttlichen Einheit hinzuentwickeln, durch Schicksalsprüfungen, Lernthemen, Krankheiten...deren geistigen Sinn du dir erst bewusstwerden musst.

Nur die Liebe zu etwas Höherem, etwas Größerem kann dich aus diesen Versuchungen retten.
Hoffnung, Liebe und Glaube sind deine mächtigsten Waffen.
Denke immer daran!

Den Menschen gibt es also, dass sich seine Seele Leben für Leben weiterentwickelt, um sein Bewusstsein in höhere Regionen zu schwingen, in Licht, Reinheit, Glückseligkeit...

IN DIE MACHT DES ALL EINS SEINS.

Woher komme ich und wohin gehe ich?

MEDITATION

ICH KOMME aus DEINER GÖTTLICHEN QUELLE
und werde LEBEN für LEBEN von DIR zurückgeführt
IN DEINE GÖTTLICHE QUELLE

DANKE, FÜR DIESE ERKENNTNIS

Nach der Vertreibung aus dem Paradies folgte ein Jahrtausend langer Prozess der Entwicklung unserer Menschheit, mit dem Ziel der Ganzwerdung, dem Ziel Vollkommenheit zu erreichen.

Du kommst aus der Vollkommenheit und gehst in die Vollkommenheit. Dazwischen liegt ein millionenjahrelanger Zeitraum, indem du Leben für Leben Chancen erhältst, dich weiter zu entwickeln. All die Schwierigkeiten in deinem Leben sind nur Prüfungen, die du bestehen musst, dich kennen zu lernen und dein Bewusstsein zu verändern.

Doch das größte Problem ist, dass du dich nicht wirklich kennst und dich nicht kennenlernen willst. Die wenigsten wissen, warum sie hier sind.
Du glaubst, du bist hier, um dich zu amüsieren, dich Exzessen auszuliefern, dich abzulenken, dein Ego zu stärken, deine Zornausbrüche abzuladen, Gewalt anzuwenden.

Die Versuchungen in diese Richtungen sind enorm.

Mit dieser Unwissenheit nährst du Negatives, ziehst Negatives an und deine Probleme werden mehr. Du sinkst tiefer. Die Spirale nach unten beginnt.

Du schimpfst, schreist, bist ungerecht und erkennst nicht, dass du unzufrieden bist, weil dir deine eigenen Schwächen nicht bewusst sind.

Deine Aufgabe ist es, DICH zu verändern, DICH von alten Mustern zu befreien, dein Bewusstsein zu erweitern.

DIE ZEIT IST REIF!

Öffne dich für Neues, lege dein begrenztes Denken ab!

Hab Mut hinzusehen!

21

Hab Mut der Wurzel deines Problems auf den Grund zu gehen!
Hab Mut die Ursache deines Krankheitssymptoms zu suchen!
Hab Mut, dir deine Kindheitsmuster anzusehen, deine Glaubenssätze zu verändern!

Je bewusster du wirst, desto mehr Ausstrahlung wirst du haben.

Achte, wofür du deine Energie verwendest, wohin dich deine Gedankenwelt führt (egal wo du bist: im Auto, beim Arzt, wenn du wo warten musst, wann immer du Zeit findest)
Du befindest dich auf einer Entwicklungsleiter und hast es schon bis zum „Menschen" geschafft. ☺

Derzeit ist die Chance, dein Bewusstsein zu verändern, sehr groß. Die geistige Schwingung auf der Erde steigt gerade enorm, das Wassermannzeitalter findet ihren Höhepunkt. Altes Wissen kommt ans Tageslicht und viele Menschen spüren das schon. Das Leben wird aber auch chaotischer. Es kann sich für manche katastrophal auswirken, weil sie nicht begreifen, dass geistige Arbeit notwendig ist. Die Auswirkungen sind bereits ersichtlich, die Spreu wird vom Weizen getrennt. Es gibt nur 2 Wege: den spirituellen Weg und den Weg des negativen Egos.

Stirb oder werde, verändere und wandle dich, dieses geistige Prinzip herrscht derzeit auf unserem Planeten.
Blockiere dich nicht selbst, schwinge dich ein, in diese neue geistige Ära. Erwache!

Übung:
Stelle dir bei jeder Handlung die Frage:
Was bringt mir das für meinen geistigen Fortschritt?
Ist es Energie oder Zeitverschwendung?
Prüfe dich ehrlich und wähle die Möglichkeit, die für die geistige Entwicklung am günstigsten ist. Verschwende deine Energie nicht sinnlos, sie ist begrenzt.

Mache dir bewusst, wofür du deine Kräfte einsetzt, nur so kannst du dich zu dem entwickeln, was du wirklich bist.

Ersetze schlechte Gewohnheiten, z.B. Spielen, Trinken, Frauen, Männer...durch bessere, lichtvollere.
Ersetze sie, verzichte nicht, sonst kommt es zu schmerzhaften Erfahrungen. So wie du Wasser zum Trinken benötigst, um zu überleben, brauchst du auch Gewohnheiten. Doch diese sollen aus einer reinen Quelle stammen, nicht von einem Abwasser.

Vollkommenheit erreichst du, wenn dir das GESETZ DER FÜLLE bewusst bist. Das bedeutet, nur wenn du dir deiner inneren Fülle bewusst bist, hast du Erfolg!
Auch wenn die Umstände rund um dich noch so schwierig sind, kannst du dich durch die Bejahung deiner Fülle abheben und dein Schicksal wandeln.
Wie oft aber bist du unzufrieden, denkst an deine Mängel, an deine Unvollkommenheit. Dadurch begrenzt du dich nur selbst.
Deine alten Muster schränken dich ein, deine wirkliche Fülle, deine Einzigartigkeit zu leben!

GLAUBE AN DICH!

Warum glaubst du gibt es so viele Depressionen in unserer Gesellschaft, so viel Traurigkeit, Einsamkeit? Ihnen fehlt es an dem GLAUBEN, an dem Glauben an diese innere Fülle! Den Glauben an DICH.

Das Gebet, die Meditation, die Verbindung mit höheren Wesen, mit Gott selbst oder mit dem Licht kann diese Fülle herstellen! Glaub daran! Versuche es!

Ohne Glaube fehlt der Sinn, ohne Glaube, fehlt die Lebensfreude. Ohne Glaube, viel Leid!

Woher komme ich, wohin gehe ich?
Ich komme aus der Vollkommenheit und gehe zurück in die Vollkommenheit. Leben für Leben darfst du daran arbeiten.
Mit dem Glauben an deine Fülle geht es schneller!

GLAUBE AN DICH, AN DEINE WAHRE GRÖSSE!

Was ist die Botschaft?

MEDITATION

Visualisiere das Licht: klar, strahlend, hell, weiß
Atme ein und aus, leg deine Sorgen zur Seite

ICH ATME EIN und ziehe das LICHT AN
ICH SPÜRE das LICHT in MIR
ICH ATME AUS.
ICH ATME EIN und ziehe das LICHT AN
ICH SPÜRE das LICHT in MIR
ICH ATME AUS und SENDE das LICHT in die WELT HINAUS.

Die Botschaft ist, dass das LICHT DIE URQUELLE allen Seins ist. Mit Licht ist viel veränderbar!

Glaubst du das nicht?

Übung:

Fühle in dich hinein versuche Dunkelheit und Finsternis zu spüren. Verweile einige Sekunden. Wie fühlst du dich?

Nun stell dir vor, wie viele kleine Lämpchen in deinem Körper strahlen. Verweile einige Zeit. Wie fühlst du dich nun? Merkst du den Unterschied?

Die Arbeit mit Licht ist unumgänglich.
Egal was du tust, du tust es nicht im Finstern. Wenn du in der Nacht aufstehst, machst du zuallererst das Licht an, oder?

Licht ist die Möglichkeit zu sehen und gesehen zu werden.
Ein Auto fährt nachts nicht ohne Licht, ein Schiff gibt im Nebel Lichtsignale... Licht hat enorme Bedeutung, ohne dass du das bewusst wahrnimmst.
Licht ist die Urkraft und fördert das Wachstum, Licht heilt, Licht erhält Leben, Licht nährt, Licht stärkt, Licht macht lebendig, vital und sensibel. Licht erlöst!
Der Sinn des Lebens ist dieses Licht in DIR zu finden.

Deshalb solltest du dich so oft wie möglich mit dem Licht verbinden, das Licht suchen. Spüre doch selbst wie gut es dir tut!

Übung:
Wenn du dich schwach fühlst, verbinde dich mit dem Licht.
Wenn du traurig bist, verbinde dich mit dem Licht.
Wenn du krank bist, fühle das Licht in dir.

Wir haben im Laufe unseres Lebens viel gelernt, was wir suchen sollen: eine Arbeitsstelle, Geld, Ansehen.
Wir haben nie gelernt das Licht zu suchen, um gestärkt durch das Leben zu gehen. Probier's einfach aus!

Du verdienst viel Geld, rackerst dich ab, ärgerst dich, überträgst den Ärger auf deine Mitmenschen, deine Kinder, wirst schwächer und unglücklicher. Du bist benebelt, hast nur die Türen zur materiellen Welt geöffnet, siehst nicht anderes mehr.

Würdest du dich dem Licht öffnen, würdest du diese grenzenlose Weite spüren, diese Schönheit, diese Wärme, diese Kraft, du würdest das Gleichgewicht erlangen und deinen inneren Frieden finden. Licht ist die Urquelle.

Gott sprach: „Es werde Licht", und aus Licht ist die Welt erschaffen worden und wenn du lernst, Licht in dir und um dich zu schaffen, bist DU der SCHÖPFER, die SCHÖPFERIN.

Anstatt unnütze Tätigkeiten zu vollbringen, verbinde dich mit dem Licht, es enthält alle Tugenden und ist der wirksamste Schutz.
Traurige Menschen spüren kein Licht, fühlen sich schwach und ausgelaugt.

Übung:
Lass deine Sorgen irgendwo und verbinde dich mit dem Licht, wenn möglich, jetzt in diesem Moment. Nimm die Farbe, die dich gerade anspricht.
Konzentriere dich auf diese Farbe, versuche sie in jeder Zelle deines Körpers zu spüren. Hülle deinen Körper in diese Farbe ein, atme diese Farbe tief in deine Lungen, über deine Haut, durchflute alle Organe damit...

Lass dir Zeit und übe dich in Geduld:
Es bedarf an Übung, Farben zu sehen oder zu spüren. Doch jeder kann es lernen.
Probiere aus, mit welcher Farbe es am leichtesten geht.

Du wirst erkennen, dass das Farbspiel eine wunderbare, harmonisierende Übung ist. Sie lichtet deinen Körper, deine Gefühle, Blockaden, schwere Gedanken. Du spürst wieder Freude, Liebe und Harmonie. Licht ist wie ein Jungbrunnen.

Lichtarbeit ist eine wahre Bereicherung in deinem Leben. Wenn dann dein Körper lichtvoll ist, wirst du dieses Licht erkennbar für alle weitergeben können.
Deine Ausstrahlung wird eine andere.

Um lichtvoller zu werden, ist auch Reinigung notwendig.
Äußerlich reinigst du dich, du wäscht dich... innerlich denkst du nicht an Reinigung. Doch deine Poren sind verstopft, niedrige Gedanken und Gefühle haben Schlacken gebildet, um es dir unmöglich zu machen, dich mit dem Licht zu verbinden.

Das Reinigen sollte einen großen Stellenwert in deinem Leben bekommen, z.B. Fasten, Atemübungen, Konzentration, Gebet, Meditation.
So verbrennst und zerstreust du Schlacken in deinem Körper.

Durch die Arbeit mit dem Licht wird es dir gelingen, zu strahlen und du wirst zum Magnet für andere.

Reinigungsübung:
Lass lila Heilflammen durch deinen Körper ziehen und bitte um Reinigung.

Eine verstaubte Lampe muss auch erst geputzt werden, damit das Licht durchdringen kann.

Die Botschaft soll sein, mit dem Licht zu arbeiten!

DER SINN DES LEBENS IST,
DIESES LICHT IN DIR ZU FINDEN.

Warum haben immer nur die Anderen Glück?

MEDITATION

Überdenke am Abend DEINE GEDANKEN des Tages

ICH BIN, was ich DENKE

Ich erfülle meine Gedanken MIT LICHT
Ich erfülle meine Gedanken MIT FREUDE

Jeder hat seine individuelle Lebensspirale, sie führt dich Millionen von Jahren durch das Universum bis zu deinem Ziel: deine Vollkommenheit.

Einmal führst du ein leichteres Leben, du scheinst auf die Butterseite gefallen zu sein, einmal ist es hart und schwer.

Warum ist es manchmal so hart? Weil du deine Türen vor negativen Gedanken und Gefühlen nicht verschlossen hast!

Du gibst dich einer Schwäche hin, die ähnliche Gefühle anzieht, Gefühle, die dich quälen und energetisch immer niedriger schwingen lassen.

Erkennst du die unterschiedliche Ausstrahlung der Menschen? Erkennst du wie sie unterschiedlich auf dich wirken?

Bei manchen hast du das Gefühl, sie ziehen dich „hinunter", du fühlst sich schwach und traurig neben ihnen, bei anderen wieder verspürst du enorme Freude und du umgibst dich gerne mit diesen Menschen.

Jeder strahlt das aus, was er denkt. Auch du strahlst aus, was du denkst.

Du selbst bist es, der mit seinen Gedanken Negativem oder Positivem die Macht einräumt und du bist es, der sich von diesen Mächten beherrschen lässt.

Verschließe deine Türen vor negativen Dingen! Wende dich Lichtvollerem zu!

Das GESETZ DES RHYTHMUS besagt: Das Leben ist im Fluss und du gestaltest es mit.

Wenn du dich von harmonischen Ideen, Gefühlen und Handlungen mitreißen lässt, wird dein Lebensrhythmus friedlich und freudvoll sein.

Wenn du dich mit Neid, Zorn, Hass, Eifersucht und Angst beschäftigst, nimmt jede Zelle diese Gefühle auf und dementsprechend ist dein Lebensrhythmus.

Du strahlst aus, was du denkst.

Es gibt ein wunderschönes Gedicht aus dem Talmud, dass ich dir hier nicht vorenthalten möchte:

Achte auf deine Gedanken, denn sie werden Worte.
Achte auf deine Worte, denn sie werden Handlungen.
Achte auf deine Handlungen, denn sie werden Gewohnheiten.
Achte auf deine Gewohnheiten, denn sie werden dein Charakter.
Achte auf deinen Charakter, denn er wird dein Schicksal.

Was du denkst, bist du!
Was du säest, erntest du!

Das kann nicht oft genug wiederholt werden!

Wenn du nun jahrelang guten Samen gesät hast, wird etwas Wunderbares daraus entstehen. Hast du jahrelang schlechten Samen gesät, so wird daraus nur Gestrüpp wachsen.

Wenn du nun glaubst, vom Pech verfolgt zu sein, gibt es noch einiges in deinem Leben, dessen geistige Ursache du erkennen musst.

Durch das viele Leid erhältst du immer wieder Chancen, dich zu verändern, um so wieder vom abgekommenen Weg auf DEINEN WEG zu finden.

Deine Seele will dich immer wieder hinweisen, dass in deinem Leben etwas falsch läuft. Sie lässt es dich spüren, durch den Körper. Dieser kommuniziert ständig mit dir! Höre hin!

Da der Mensch fast nur über Leid lernen will, bekommst du meist durch Krisen zu spüren, was dir fehlt, welche Veränderung getroffen werden soll, was du loslassen sollst.

„Pechvögel" sollten in ihr Inneres hören lernen, was ihnen der Schicksalsschlag zu sagen hat. Durch Hineinhören „in sein INNERSTES" ist es möglich, den geistigen Sinn dahinter zu verstehen. Doch dazu ist Stille notwendig.

Eine Lebensverbesserung ist nur durch die Veränderung der eigenen Sichtweise, der eigenen Denkweise möglich, auch wenn es anfangs nicht so aussieht!

DIE ANDEREN HABEN GLÜCK, WEIL SIE GUTE SAAT
GESTREUT HABEN,
SPRICH: GUTE GEDANKEN PFLEGTEN!

Warum fehlt mir der rote Faden in meinem Leben? Ein Ziel?

MEDITATION

ICH VERBINDE MICH MIT MEINEM SCHÖPFER und
ERINNERE MICH meiner wahren SCHAFFENSKRAFT.

Das Ziel eines jeden Menschen sollte sein, seine Stärken und Schwächen so gut kennen zu lernen, dass er aus diesen beiden Ressourcen (jede Schwäche birgt nämlich auch eine Stärke in sich) der Welt, ein „geistiges Erbe" hinterlassen kann.

Es klingt kompliziert, benötigt aber einfach nur Zeit, sich einmal mit sich selbst zu beschäftigen.
Eine Erbschaft „im geistigen Sinn" kann vieles sein: ein Bild, eine Komposition, ein Buch, Etwas selbst Produziertes oder Kreiertes. Dennoch soll das „Werk" bei den anderen positiven Gefühlen auslösen.

Musik, die den anderen die Ohren betäubt, wäre zum Beispiel kein Werk im „geistigen Sinn".
Dein Ziel sollte eine Tätigkeit sein, die sich zum Wohle der Menschheit und der Erde einsetzt, zum Beispiel eine, „Künstlerin" ein Musiker, Maler, Heilerin, Masseur, Wissenschaftler, ...

Eine Tätigkeit, wo immer du deine Hände, deine Gedanken oder deine Gefühle liebend im Spiel hast. Das ist die „Art Kunst", die ich meine.

Es darf nie um Macht, Prestige, Ego oder um Geld gehen. Es muss eine Arbeit sein, die durch Wahrheit, Weisheit und durch Liebe erfüllt ist!

Wie viele wahre Künstler bleiben da noch übrig?
Wer hat nun wirklich sein Ziel schon gefunden?

„Maler", die ihre Aggressionen in blutverschmierten Bildern ausleben?
„Sänger", die im Drogenrausch auf der Bühne stehen?

Die Menschen wissen nicht mehr, woran sie glauben sollen, trotz aller Fortschritte in vielen Bereichen. Aus diesem Grund kommt diese dementsprechende Kunst zustande!

Du lässt dich von allem beeinflussen, von der Werbung, von Filmen, von Musik und fast alles ist düster und verdorben. Was vernünftig ist, harmonisch und klar, spricht dich nicht mehr an. Die Künstler fördern mit ihren derartigen Werken die niederen Triebe und Begierden der Menschen und das Chaos ist perfekt.

Du hast dich immer mehr von deinem Ziel entfernt, von deiner eigenen innersten Inspiration, deiner Schaffenskraft.

Überprüfe doch selbst, was dir guttut. Alles was du hörst und siehst, wirkt sich auf dein Nervensystem aus, bist du dir dessen bewusst? Die in der heutigen Gesellschaft vorherrschenden Krankheiten spiegeln all das wieder.

All diese Energie schwingt in unseren Körpern weiter. Sie verwirrt, fördert Labilität, hetzt auf, macht gewalttätig und aggressiv. Die Masse erkrankt und bekommt es nicht einmal mit. Sie grölen, lachen, applaudieren dazu, ohne zu ahnen, was das in ihrem Körper, ihren Zellen auslöst.

Diese Künstler sind sich ihrer Rolle nicht einmal bewusst, aber sie vergeuden ihre Kräfte. Die Menschheit wird dadurch nicht gefördert. Das geistige Erbe läuft in die falsche Richtung. Für deine Entfaltung brauchst du Dinge, die herrliche Gefühle in dir auslösen.

Wahre Künstler haben sich vor ihren Werken mit ihrem Innersten verbunden. Sie wussten, um diese Verbindung mit ihrer wahren Schaffenskraft und brachten Erstaunliches hervor. Sie sind es, die Werke hinterließen, die Jahrzehnte danach gehört, gelesen, gespielt und aufgeführt werden.

Die Großen dieser Welt, die wahren Genies, arbeiteten, dachten, wünschten und kreierten immer in Verbindung mit der geistigen Welt.

Das kannst auch du. Jede Seele und jeder Geist haben Antennen zum Himmel. Das Gebet oder die Meditation führen dich zu diesem Bewusstsein. Es führt dich zu deinen wahren Stärken und Begabungen.

Lass dich nicht weiter ablenken, lerne aus deinen Fehlern und Schwächen. Sie haben etwas Gutes. Lerne dich kennen, nimm dir Zeit, so findest du deinen Weg, deinen roten Faden im Leben.

Dein Ziel sollte sein, Zeit mit dir zu verbringen, um dir deiner Fähigkeiten bewusst zu werden und dein Ziel zu finden und es zu verfolgen.

Übung:

Meditiere, höre in dein Inneres...

Was kannst du gut? Für welche Dinge wurdest du schon als Kind gelobt?

Was hast du für Schwächen? Und welche Stärken haben sie nach sich gezogen?
(Jede vermeintliche Schwäche zieht eine Stärke mit sich)

Wenn du dir dann deiner Schätze bewusst bist, wirst du edler, lichtvoller und klarer, du wirst dich selbst übertreffen.

Das ist das geistige GESETZ DER AFFINITÄT. Du wirst zurückfinden, zu deiner inneren Wahrheit und Weisheit.

Dein Glaube an dein Innerstes kann Wunder bewirken, und es hilft dir den roten Faden zu finden, genau das ist dein Ziel.

<u>Was ist der göttliche Plan?</u>

MEDITATION

WIR SIND ALLE EINE GROSSE FAMILIE
LERNEN GEGENSEITIG VONEINANDER
und arbeiten alle an unserer VOLLKOMMENHEIT.

Der göttliche Plan ist, alle Familien, alle Menschen zu einer großen Familie zusammenzuführen.
Geredet wird in jeder Kirche, dass wir Brüder und Schwestern sind, dass Gott unser Vater ist, in allen Religionen wird darübergeschrieben. Doch wie sieht es tatsächlich aus?

Du lebst in einer Familie, arbeitest für sie, schützt sie und verteidigt sie. Das ist ganz normal oder doch nicht?
Du und deine Familie, ihr habt nur euer eigenes Glück, eure eigene Befriedigung, den eigenen Vorteil im Auge und du kannst dich somit nicht mit der großen Familie identifizieren.

Gerade darin liegen die Ursache aller Begrenzungen und selbstsüchtigen Unternehmungen.
Es muss endlich begriffen werden, dass es dadurch zum Kampf untereinander kommt, zu Zerrüttung und Chaos, zu Kriegen.

Du glaubst, dass es nichts Großartigeres gibt, als innerhalb deiner Familie, deine eigenen Pläne, Ideen und Ansichten zu vertreten. Du ratest deinen Kindern, wie sie sich durchschlagen sollen, um andere zu übertreffen, besser und schneller zu sein. Du vermittelst ihnen keine göttlichen Vorstellungen, sondern bringst ihnen egoistische und eigennützige Absichten bei.

Andererseits sollen deine Kinder unter Geschwistern viel Liebe aufbringen, nachsichtiger und großzügiger werden. Das kommt auch immer seltener vor und so zerrütten sich sogar die engsten Familienmitglieder.

So wie Zellen gemeinsam arbeiten, den menschlichen Organismus zu erhalten, so sollten auch Familien daran arbeiten, gemeinsam an der großen Familie mitzuwirken. Das wäre der Vorteil für alle!

Jede Familie sollte ihren Horizont erweitern, das wäre der Plan!

Du solltest nicht getrennt, konkurrierend mit anderen leben, mit deinen eigenen Ideen und Vorstellungen. So kann nichts besser werden.
Viele Familien haben ihre Aufgabe nicht erfüllt und daher zerfallen sie. Sieh dich doch um, in wie vielen Familien leben die Mitglieder in Harmonie?
Wie viele Scheidungen gibt es?

Wenn du deine Familie retten willst, musst du deine Einstellung erweitern und sie auf die ganze Welt ausdehnen. Alle Probleme lösen sich, wenn du für die große, die universelle Familie arbeitest, für andere Familien, für andere Menschen. Krieg und jegliches Elend würden vorbei sein. Nur so arbeitest du auch für das Glück deiner eigenen „kleinen" Familie.

Oft sagen es dir die Kinder, dass du zu engstirnig denkst, du deine Pflicht nicht erfüllst. Ja, aber aus welchem Grund?

Um dich im Alter abzusichern, um nicht allein zu sein, um dich geliebt zu fühlen. Das ist reiner Egoismus oder Angst?

Die Jugend braucht ein schöneres, lichtvolleres Ideal, das bekommen sie oft in ihren Familien nicht, deshalb wendet sie sich Mysteriösem, Übernatürlichem, Drogen, Alkohol etc. zu.

Du klagst, kannst das nicht begreifen, was da geschieht, trotz Aufopferung, Liebe, Güte.
Solange du nichts unternimmst, um ein schöneres, sinnvolleres, edleres Leben zu führen, um Vorbild zu werden, wird dich dein Kind schnell verlassen wollen.

Das Schicksal der einzelnen Familien ist eng mit dem Schicksal der Gemeinschaft verbunden, das Glück oder Unglück des Einzelnen ist vom Zustand der Gemeinschaft abhängig.

Deshalb ist es sinnvoll die Angelegenheiten der Gemeinschaft zu verbessern und im Sinne der Gemeinschaft zu arbeiten.
Das müssen auch Regierungen und Länder begreifen.

Bis jetzt ist es aber so, dass nur Krieg und Elend, den Standpunkt der Menschheit ändern konnten.
Doch die neue Philosophie des Wassermannzeitalters fördert und stärkt dich bei dem Gedanken, dass wir alle miteinander eine große Familie bilden und voneinander abhängig sind.

Deshalb arbeite für die ganze Welt, arbeite an lichtvollen Aktivitäten, erst dann macht dein Leben Sinn und du findest dich im göttlichen Plan wieder.

Du bist ein kleiner, einzigartiger Puzzlestein in diesem großen, göttlichen Bild.
Mit dieser Einzigartigkeit wirkst du auf deine Familie, gestaltest mit ihr das große Bild. Dein Dasein hat Auswirkungen auf die Menschheit.

Sei dir dessen bewusst!

Jedes Puzzleteil hängt mit dem nächsten zusammen, keines darf fehlen. Jedes ist wichtig, um die Vollkommenheit zu erreichen.

Das Zeitalter des Egos geht zu Ende, du wirst von nun an im
GESETZ DER ERKENNTNIS DER WAHRHEIT
dein EIGENTLICHES SEIN leben.

Das ist der göttliche Plan.

<u>Warum soll ich loslassen?</u>

MEDITATION beim Feuer

ICH LASSE LOS...
ICH NEHME AUF...

Du sollst alles Hinderliche oder Gefühle, die dich blockieren, loslassen, um dich weiterzuentwickeln.

Das Leben geht an dir vorbei.
Du wirkst verträumt oder lebst mit Ängsten.
Du fühlst dich abhängig oder gefühlsarm.
Du liebst dich selbst nicht.
Du kannst dich nicht hingeben, bist unflexibel.

Das alles sind Zeichen, etwas loszulassen.
Du hast dir im Laufe deines Lebens unnötiges Leid aufgehalst.

Mache dir bewusst, wohin du deine Aufmerksamkeit im Laufe eines Tages, einer Woche, eines Monats...lenkst.

Wenn es Unannehmlichkeiten sind, unangenehme Situationen, Menschen, Gefühle, wie Zorn, Neid, Wut, Eifersucht...- versuche sie so schnell wie möglich „loszulassen".

Du machst dich von diesen Gefühlen abhängig, sie blockieren dich, du bist nicht frei. Du spürst die Leichtigkeit deines Lebens nicht.

Wenn du draufkommst, dass dein Tag viel mit negativen Dingen zu tun hat, werde dir bewusst, dass das alles in deinem Körper gespeichert wird. Wenn du kritisierst, schimpfst, verurteilst, zornig bist, neidisch, wütend oder eifersüchtig.

Überlege was das mit dir macht!

Wenn du die Leichtigkeit deines Lebens nicht mehr spürst, überdenke, was es sein kann.

Das Negative wie das Positive speicherst du in dir und je nach dem, spürst du Leichtigkeit oder Schwere in deinem Körper.

41

Spüre in dich hinein! Was hat dein Körper bisher aufgenommen?

Bürde dir keine Lasten auf, indem du andere kritisiert. Dieses Recht hat niemand. Bring absolutes Verständnis für den anderen auf, egal was er tut, jeder Mensch befindet sich nur auf seinem Entwicklungsweg.

Die Leichtigkeit erfährst du durch Vergeben und Verzeihen, sowie durch Annahme des anderen, so wie er ist. Daher halte dir immer die Reichtümer des anderen vor Augen, die überall großzügig verteilt sind. So machst du dich auch nie abhängig vom anderen.

Übung

Überprüfe, was dich belastet:
Ist es ein Satz, der dir immer wieder ins Gedächtnis kommt
Ein Satz, den du als Kind immer wieder gehört hast und der deinen Selbstwert verletzt hat
Ist es eine Eigenschaft, die du ablegen willst
Sind es Schuldgefühle, die dich schon lange belasten
Ist es ein Geheimnis, mit dem du schlecht leben kannst
Ist es ein Familienmitglied, mit dem du Probleme hast
Ist es ein früherer Partner, der dich noch immer beschäftigt
Sind es Gedanken an einen Verstorbenen
Ist es eine Abhängigkeit zu einer Person (Mutter, Vater, Partner...), die dir bisher nicht bewusst war

Höre in dich, und suche dein belastendes Thema!

Solche unbewussten energetischen Abzüge kosten Kraft, entziehen dir deine Lebensenergie, rauben dir deine Lebensfreude und du bis weit weg von der Leichtigkeit deines SEINs.
Mit Leichtigkeit durchs Leben zu gehen ist aber der Sinn deines Lebens oder glaubst du, unnötiges Gepäck mitzuschleppen macht dein Leben lebenswert?

Gelingt es dir, loszulassen, dich von Vergangenem zu lösen, so spürst du deine Lebendigkeit in dir, deine Lebensfreude, deinen Sinn hier zu sein.

Du lebst bewusst das HIER und JETZT, atmest ein und atmest aus, erlebst DIESEN Augenblick, hängst nicht an Vergangenem und nicht an der Zukunft.
Du bist bewusst MENSCH!

Übung

Versuche durch folgende Übungen loszulassen und meditiere beim Feuer

Mache dir bewusst, was du loslassen möchtest, was dir hinderlich ist in deinem Leben
Nun schreib auf, was dir das Leben erschwert, was du loslassen möchtest
Bist du bereit, es JETZT loszulassen?
PAUSE
Danke und vergib allen, die dir zu dieser Klarheit verhalfen (Situationen, Personen, Schicksalen...)
Vergib auch dir selbst!
Verbrenne deine Probleme im göttlichen Feuer der Wandlung, vertraue.
Danke und wünsche dir etwas Neues!

Loslassen mithilfe des Feuers ist ein energetisch besonderer Prozess:
Feuer ist Leben und das ganze Leben ist ein Verbrennungsprozess, Ernährung und Atmung, Fühlen und Denken.
Um Leben aufrechtzuerhalten, wird immer etwas verbrannt.

Alte Äste ergeben strahlendes Licht, deshalb wirf Altes, Abgestorbenes ins Feuer, um Licht und Wärme daraus zu erhalten. Sieh dir deine Alten, dürren Äste noch einmal an, sie sollen dir deinen Weg nicht länger blockieren, sie sollen alles erstrahlen. Du opferst sie, um Feuer zu entfachen, um Licht in dein Leben zu bringen.

LASS LOS UM FREUDE ZU ENTWICKELN!

<u>Was bedeutet in der Mitte sein?</u>

MEDITATION

ICH BIN gesund und spüre meine goldene Mitte
ICH BELEBE sie mit UNIVERSELLEN KRÄFTEN

Ich atme ein und atme aus

„In der Mitte sein" bedeutet, geerdet sein, verankert, sich seiner Wurzeln bewusst sein.

Das wichtigste und heilsamste für den Menschen wäre es, sein Zentrum zu finden und es zu beleben.

Kein Tag dürfte vergehen, ohne einige Minuten innezuhalten, um zu versuchen, die goldene Mitte, den eigenen Schwerpunkt im Inneren zu finden und zu energetisieren.

Nur so beginnst du zu spüren, was dir dein Körper sagen will, was er braucht und nicht braucht.

Du sammelst Reichtümer an, wirst freier und stärker. Auf Ereignisse, die auf dich zukommen, reagierst du souverän.
Nichts kann dich aus der Ruhe bringen, du bist dir deiner inneren Weisheit bewusst, gewinnst Selbstvertrauen, bist in deiner Kraft!

Jetzt fragst du, wie das funktioniert, wo denn diese „goldene Mitte" ist?
Die „goldene Mitte" ist ein Nervengeflecht in deinem Nabelbereich, sie steht einerseits mit den kosmischen Energien, andererseits mit deinem Gehirn in Verbindung.

Sie erreicht alle Organe des physischen Körpers, beeinflusst und stärkt sie.

Du nimmst es meist nur unbewusst wahr, doch dieses Geflecht ist die Verbindung zum Kosmos, zu allen anderen Wesen.

Über dieses Zentrum erreichen dich segensreiche Kräfte und schneidest du dir diesen Zugang ab, nimmst du dir selbst deine Lebenskraft. Deshalb ist es ein ausgesprochen wichtiges Zentrum, dem besondere Aufmerksamkeit gebührt.
Dieses Zentrum wird auch Solarplexus, Sonnengeflecht oder Nabel Chakra genannt.

Es ist dein echtes Herz!

Fülle deine Magengegend immer mit Licht!

Wenn du Gefühle empfindest, Furcht, Angst oder Liebe verspürst, wo fühlst du sie?
Weder im Gehirn noch im Herzen, sondern genau an dieser Stelle.
Das Sonnengeflecht kann fast alle Funktionen deines physischen Körpers kontrollieren, das Gehirn wird von ihm ernährt und unterstützt.
Es fühlt was im Organismus, in allen Zellen geschieht und ist in der Lage, ständig das Gleichgewicht herzustellen.
Was es am meisten stört, sind disharmonische Energien, wie Angst, Eifersucht, Wut, Schuldzuweisung...du entziehst ihm Kraft.
Wenn du geschockt oder erschrocken bist, bist du ohne Kraft, dein Kopf ist leer. Genau dieses Kraftreservoir ist erschöpft. Das Sonnengeflecht hat seine Kräfte verausgabt.

Deshalb verbinde dich täglich mit deiner goldenen Mitte, fülle sie!

Übung
Lege deine Hände auf deine goldene Mitte und stell dir vor, wie du unerschöpfliche Energien aus dem Kosmos schöpfst. Atme tief ein und aus und schwing dich ein in den Rhythmus des Lebens.

Das GESETZ DES RHYTHMUS findet sich überall in der Schöpfung, Tag und Nacht, Geburt und Tod alles hat seine Gezeiten.

Diese Übung kennt nur ein Ziel, dich in deinen individuellen Rhythmus einzuschwingen, der dich vorwärts trägt.

Entspanne dich und verbinde dich mit höheren Sphären! Nimm den Strom, der ohnehin fließt, bewusst wahr! Hol dir jene Kraft, die du benötigst, dein Leben zu meistern, schwinge dich ein in diese kosmische Faszination!

Die andere Möglichkeit besteht darin, weiterhin gestresst herumzulaufen, und dich von unermesslichen Kräften abzuschneiden.
Auch jedes Krankheitssymptom zeigt dir, dass du nicht in deiner Mitte bist, du hast dein Gleichgewicht verloren. Deshalb fülle dein Zentrum mit dieser Übung!
Wenn du deine Mitte stärkst, bist du Vorbild und ziehst magische Kräfte an, du zwingst andere, gleiches zu tun. Du bist verankert, stabil und widerstandsfähig. Dein Umfeld spürt diese Energie!

Wieso glaubst du, dass liebende Menschen Bäume ausreißen können?
Weil sie genau dieses Zentrum mit Energie gefüllt haben. Das sind die „Schmetterlinge" im Bauch.
Auch dein finsteres, trübes, niedergeschlagenes Gesicht kannst du mit diesen Übungen aufladen.
„Deine goldene Mitte", dieses Sonnengeflecht war schon im Mutterleib jene Stelle, durch die du überlebt hast. Durch sie hast du Essen, Trinken, Gefühle... bezogen, warst dadurch angeschlossen an den universellen Strom, über deine Mutter.

Auch jetzt ist dieser Bereich noch das Zentrum in dir, deshalb versorge es gut.
Es ist der Bereich deines Unterbewussten. Du musst lernen, dich bei deiner Arbeit nicht nur auf das Gehirn zu konzentrieren, sondern deine Arbeit auf beide Zentren zu verteilen.
Wenn es dir gelingt ein Gleichgewicht zwischen Bauch und Kopf herzustellen, wirst du erfolgreich, gesund und froh durchs Leben gehen.
Doch wie stellen viele Menschen in unserer Gesellschaft ihr Gleichgewicht her? Sie sammeln Übergewicht an, genau in diesem Bereich.
Auch das ist eine Möglichkeit, sich vor Gefühlen und vor negativen Energien zu schützen.
Einfacher wäre diese „Sonnengeflechts Übung"!

FÜLLE DEINEN BAUCHRAUM MIT LICHT SO KOMMST DU IN DEINE MITTE

Warum verstehe ich meinen Vater/ meine Mutter nicht?

MEDITATION

DANKE für das GESCHENK DES LEBENS
ICH ACHTE DICH liebe MUTTER, DICH und dein Schicksal
ICH ACHTE DICH lieber VATER, DICH und dein Schicksal
Ich bin dankbar für das, was ihr mir gegeben habt
Ich werde euch immer ein ehrendes Andenken bewahren
ICH VERNEIGE MICH VOLLER LIEBE VOR EUCH!

WARUM VERSTEHE ICH MEINEN VATER/MEINE MUTTER NICHT?

Weil genau sie es sind, die dir deine Lernthemen aufzeigen und wer hat schon Lust zu lernen?

Die Kraft, die du von deinen Eltern mitbekommen hast, ist Teil deiner Lebenskraft.

Stell dir vor du bist ein Baum, fest verankert in der Erde.
Dieser Baum trägt den väterlichen Anteil in sich und den mütterlichen Teil und du schöpfst deine Kraft aus diesen Wurzeln. Diese Wurzeln sind dein Vater und deine Mutter, sowie deren Vorfahren.

Je fester und tiefer diese Wurzeln ins Erdreich reichen, desto widerstandsfähiger bist du in „Krisenzeiten".
Wenn du die Probleme mit ihnen nicht löst, entziehst du dir selbst deine Lebensenergie, deshalb schau hin, was du durch sie lernen kannst:

Achte darauf, was sie dir vorleben, was dich berührt, was dich ärgert. Sie spiegeln dir genau den Teil in dir, den du innerlich an dir ablehnst. Das genau ist aber deine Lernaufgabe in diesem Leben, die zu erledigen ist.

Übung:
Schreib die Eigenschaften auf, die dich an deinem Vater oder deiner Mutter besonders stören.
Sieh dir diese Eigenschaften an.
Was haben sie mit dir zu tun?
Was kannst du erkennen?

Unterschätze diese Kräfte nicht. In schweren Krankheitsfällen kommt es fast nie vor, dass der Patient mit seinen Eltern im Reinen ist. Sie können Auslöser schwerer Schicksalsschläge sein.

Gestehe dir ruhig ein, dass du verletzt wurdest, du wütend bist, enttäuscht. Doch verharre nicht länger in dieser kräfteraubenden Energie, sie macht dich krank: **Vergib!**

Auch deine Eltern hatten es nicht immer leicht und haben sich all die Eigenschaften angeeignet, um sich zu „schützen", um „geliebt zu werden", es sind die einfachen Grundbedürfnisse eines Menschen, mit denen er versucht zu „überleben".

Befreie dich daraus, sieh dir die positiven Seiten an, die du dadurch mitbekommen hast (jede negative Seite zieht auch etwas Positives mit sich)

Du darfst auch nicht alles, was sie tun, rechtfertigen, verteidigen, alles gutheißen. Nein, sieh sie realistisch, so wie sie sind. Sieh auf ihr Schicksal, sieh auf ihre Familiengeschichte. So kannst du sie vielleicht verstehen.
Achte sie als die, die dir das Leben geschenkt haben.

Sie sind die Gebenden, du bist der Nehmende.

Übung
Hast du eine Schuld oder Aufgabe für sie übernommen, gib sie ihnen durch ein Ritual, durch Worte oder gedanklich zurück!
Räume ihnen einen gebührenden Platz in deinem Familiensystem ein!

Deine Eltern sind deine Kraftquelle, deshalb lass diese Quelle nie versiegen.
Achte und ehre sie, sonst kappst du dir deine eigenen Wurzeln, deine Früchte verdörren.
Sei dir dessen bewusst, dass sich deine Seele genau diese Eltern ausgesucht hat, um sich weiterzuentwickeln.

Achte deine Eltern und Großeltern, achte ihre Weisheit und ihre Erfahrungen, ehre sie, was immer sie getan haben. So kann der Kraftstrom durch die Wurzeln wieder fließen.

Dein Leben fließt, du fühlst dich auch selbst geachtet und geliebt.

Übung

Danke und ehre sie für das, was sie versucht haben, dir weiterzugeben. Verbeuge dich vor ihrem Schicksal.

Auch wenn deine Eltern schon gestorben sind, verneige dich vor ihrem Schicksal.

Du kannst all die Übungen trotzdem machen. Vergebung kann Krankheitssymptome lösen.

Du musst deine Eltern nicht verstehen. Sie haben ihre eigene Familiengeschichte, Glaubenssätze, Muster.

Aber achte und ehre sie, sonst findest du nicht in deine eigene Kraft. Sie sind deine Wurzeln.

Warum fühle ich mich so antriebslos, so traurig und schuldig?

MEDITATION

Ich vergebe dir, du vergibst mir!
ICH BIN GÖTTLICH, DU BIST GÖTTLICH!

So kannst du Verbindungen lösen!!!

Du bist antriebslos, weil deine inneren Kräfte unbewusst in eine falsche Richtung laufen.

Diejenigen, die dir unbewusst die meiste Kraft entziehen, sind die, die dich in deiner Entwicklung am meisten weiterbringen, es sind Menschen in deinem Umfeld oder die zu dir in einem verwandtschaftlichen Naheverhältnis stehen, Früchte auf deinem Ast.

Doch du musst auch hinsehen!

Geschwister, Eltern, Großeltern, Onkeln, Tanten, Partner, frühere Partner, Kinder, Enkelkinder, adoptierte Kinder, Tod - oder Fehlgeburten, totgeschwiegene Familienmitglieder, uneheliche Kinder.

All ihre Kräfte und Energien fließen und können unbewusst Einfluss auf dein Leben nehmen.

Es können in der Vergangenheit also Dinge passiert sein, die großen Einfluss auf dich haben, und oft macht es Sinn, diesen Gefühlen nachzugehen.

Du erkennst dich wieder auf einem Baum, du bist eine Frucht inmitten der anderen. Alle beziehen ihre Nährstoffe aus derselben Quelle, von Gott.

Alle sind am Weg zu einer reifen Frucht heranzuwachsen.

Alle gehören zusammen, lernen voneinander und sind verbunden. Ein Teil von dir ist ein Teil von mir.

Fühlst du dich antriebslos, kann es sein, dass irgendjemand deine Energie blockiert.

Du fühlst dich traurig, weil irgendjemand deine Lebenslust hemmt.

Du fühlst dich schuldig, weil irgendjemand seine Schuldgefühle unbewusst auf dich übertragen hat.

Jeder macht Fehler, doch das GESETZ DER AUSGLEICHENDEN GERECHTIGKEIT sorgt dafür, dass jeder aus seinem Fehler wieder lernt.

Ist jemand ungerecht zu dir, warst du es wahrscheinlich auch zu ihm. Es handelt sich um karmische Schulden, die immer wieder eingelöst werden. Deshalb inkarnieren wir auch in dem Umfeld, wo wir noch Schulden zu begleichen haben.

Wenn dir jemand Energie nimmt, dich traurig macht oder nervt, hast wahrscheinlich auch du mit Jemanden dasselbe getan. Nun darfst du deine Schuld begleichen.

Es ist ein Irrtum, wenn du glaubst, es ist sinnvoll sich zu rächen. Rache löst nichts, im Gegenteil, sie verkompliziert alles und vermehrt deine „karmischen" Schulden.

Großzügigkeit und Edelmut, vergessen und verzeihen macht dich stärker und lässt dich wachsen.

Das Verlorene wird hundertfach zurückkommen.

Rächst du dich, kommen negative Kräfte zurück und sie erdrücken dich, Antriebslosigkeit ist die Folge.

Willst du jemanden wirklich eine Lektion erteilen, kümmere dich um dich selbst, beginne mit einer gewaltigen Arbeit an dir: bete, meditiere, öffne dich der Reinheit, der Liebe und Geduld. Es gibt keine wirksamere Methode.

Jeder muss für das Böse bezahlen, das er getan hat. Alle die dir schadeten, werden eines Tages gezwungen werden, den Schaden wieder gut zu machen.

Räche dich nie an Geschwistern und/oder an allen oben genannten Personen, sondern liebe sie so wie sie sind.

Rachegefühle machen dich antriebslos, traurig und in der Folge schuldig. Du weißt jetzt, dass es nur das Leid ist, das du in der Vergangenheit anderen zugefügt hast.

Du bist ein Teil des Baumes, eine Frucht, die heranreift, so wie die restlichen Früchte, neben dir.

Jede Gelegenheit bietet dir eine neue Chance, wenn du sie nicht nützt, wird sie später erneut, aber intensiver wiederkommen.

Es ist nicht möglich dem GESETZ VON URSACHE UND WIRKUNG zu entkommen. Du erntest, was du gesät hast.

Säst du Eicheln, wird ein Eichenbaum daraus wachsen und kein Feigenbaum.

Du hast diese Seelen, an denen du dich rächen willst wieder angezogen, weil du noch etwas lösen sollst.

Die Lösung lautet: *Lieben und Vergeben*

Was sind Chakren?
Haben wir wirklich mehrere Körper?

MEDITATION

ICH SPÜRE die Farben des REGENOGENS –
in mir und um mich

ICH VERSPÜRE alle TUGENDEN und deren
HEILENDE WIRKUNG

Ja, du hast mehrere Körper!

Du besitzt einen physischen Körper, der von dir spürbar und begreifbar ist. Du nimmst ihn mit deinen 5 Sinnen wahr, kennst deine Organe.
Doch du besitzt noch viele andere Organe, feinstoffliche Zentren, „Körper", die du jetzt vielleicht noch nicht wahrnehmen kannst.

Es gibt eine unsichtbare Welt und unbewusst nimmst du diese Welt auch schon wahr. Du erkennst, ob jemand eine gute oder schlechte Ausstrahlung hat, ob du dich in seiner Nähe wohl fühlst oder nicht.

Alles was lebt strahlt, erzeugt kleine Partikel, Ausströmungen, die in die Luft gesendet werden. Das ist die Aura, dein feinstofflicher Körper, der dich und jeden anderen Menschen umgibt.
Die Aura ist mit der Haut vergleichbar. Sie bildet einen Schutz, einen Panzer. Sie bildet deine Antenne zum Universum, zur gesamten Natur. Deine Aura empfängt Botschaften, Wellen und Kräfte und sendet solche auch wieder aus.

Hast du eine kräftige, leuchtende Aura, können dich unheilvolle Einflüsse nicht berühren. Sie ist wie „ein lichtvoller Schranken", eine Mauer gegenüber Negativem.
Die Qualität deiner Aura hängt von deiner seelischen und körperlichen Verfassung ab.

Du strahlst aus, was du bist!

Deine Aura lässt Gesundheit und Krankheit erkennen und hängt im Wesentlichen von der Schwingung deiner Chakren ab.

Diese feinstofflichen Organe sind Räder an der Außenseite deines physischen Körpers und können bei strahlender Gesundheit in den schönsten Regenbogenfarben schwingen.

Mit diesen 7 Haupt Chakren und einer Menge von Neben Chakren nimmst du Energien aus dem Kosmos auf, geistige Energien.

Ohne sie könnte dein physischer Körper nicht existieren.
Bei schwer kranken Menschen oder seelisch labilen schwingen diese Räder minimal.
Du erkennst das an deren Ausstrahlung.

Aber es gibt noch mehrere feinstoffliche Körper, die deine Ausstrahlung ausmachen, zum Beispiel dein Emotional- und Mentalkörper, sie speichern deine Gedanken und Gefühlswelt.
Harmonische Empfindungen sind die beste Nahrung für diese beiden Körper.
Je lichtvoller ein Mensch ist, desto mehr kann er seine noch höheren spirituellen Körper aktivieren.
Die Aura ist also die Verschmelzung aller Ausstrahlungen des ganzen Menschen.

Du solltest erkennen, dass diese feinstofflichen Bereiche existieren, dass es einen 6., 7., 8., Sinn von ganz anderer Kraft und Intensität gibt und diese Bereiche gilt es, zu erwecken.
Durch ein spirituelles Leben kannst du deine Aura erweitern, so wird es dir auch gelingen mit lichtvolleren Wesen zu kommunizieren.

Nähre deine Chakren durch Lichtarbeit, dies ist der erste Schritt, deine feinstofflichen Körper zu aktivieren:
Die Arbeit mit den Farben des Regenbogens ist eine gute Methode die Aura zu schützen und sich mit den göttlichen Kräften zu verbinden.

Übung:
Lass jede Farbe des Regenbogens durch dich fließen, lass ihre Tugenden auf dich wirken und sende dieses Licht weiter.
Durchströme alles mit diesem Licht, du wirst keine Grenzen kennen!

Jede Farbe enthält Tugenden, die du dir dadurch zunutze machen kannst!

Reinheit, Geduld, Großzügigkeit, Güte, Nachsicht, Hoffnung, Demut, Glaube, Gerechtigkeit, Uneigennützigkeit sind Tugenden, mit denen du deine Aura verbessern kannst.
Bei täglichem Üben spürst du, wie wohl du dich fühlst. Toll wäre diese Übung bei Sonnenaufgang. Bade in dieser Herrlichkeit! Dein Wohlbefinden wird sich deutlich steigern.

Entsprechend dem geistigen GESETZ DER ANZIEHUNGSKRAFT nimmst du das auf, was du gibst. Dementsprechend schwingen deine Chakren Räder. Entsprechendes strahlst du aus und ziehst du an.

Du entscheidest mit deinen Gedanken, wer oder was sich dir nähert: Chaos und Unglück oder liebevolle Begegnungen.
So einfach ist das Leben, doch vielen ist das nicht bewusst.

Ohne Grund zu wissen, warum, fühlen sich Menschen in deiner Nähe wohl, weil du durch dein „Licht" anziehend wirkst.
Liegt dir etwas an deiner Gesundheit, deiner Schönheit, deinem Glück, dann arbeite an deiner Aura.
Sie ist dein unsichtbarer Körper, dein spirituelles Kleid, gewebt aus den Tugenden der Regenbogenfarben.

Übung:
Ich dusche in ROT und spüre meine REINHEIT

Ich dusche in ORANGE und aktiviere meine LEBENSFREUDE

Ich dusche in GELB und spüre HARMONIE und FRIEDEN

Ich dusche in GRÜN und ROSA und verspüre die LIEBE

Ich dusche in BLAU und spüre meine VOLLKOMMENHEIT

Ich dusche in VIOLETT und spüre meine WEISHEIT

Ich dusche in WEISS und spüre das Zentrum der GLÜCKSELIGKEIT

Wie kann ich geheilt werden?

MEDITATION (für anderer Menschen)

ICH BITTE die KRÄFTE der HEILUNG,
grünes Licht zu...Name der Person......... senden
ICH sehe den Körper von...Name der Person..........in GRÜNEM,
HEILENDEM LICHT

ICH VERTRAUE, ICH DANKE

Heilung ist das eigentliche Ziel des Lebens und kann erfolgen, wenn du die geistige – seelische Ursache deiner Krankheit erkannt hast und dein Leben dementsprechend veränderst.

Körper, Seele und Geist sind eng miteinander verbunden und wenn deine Seele auf ihrem Weg zur Vervollkommnung gehindert wird, bringt sie das durch den Körper zum Ausdruck.

Das heißt, du bist von deinem vorgesehenen Lebensweg abgekommen, nun soll dich deine Krankheit wieder zurückführen. Deshalb gilt es zu erkennen, was dir deine Krankheit sagen will.

Dein Unterbewusstes weiß es ohnehin. Nur dein Bewusstes, dein Verstand will nicht hinhören und das ist zumeist der Grund deines Leides.
Höre auf dein Innerstes, verändere dein Leben und dein Krankheitssymptom wird nicht mehr benötigt.

Ich weiß, das ist sehr leicht gesagt, doch der Mensch lernt fast nur über das Leid!

Sieh deine Krankheit als FREUND, der dir etwas sagen will und nicht als FEIND.
Dein FREUND sagt dir, wohin dein Weg führen soll, höre auf ihn!

Du hast deine Krankheit durch bestimmte Gedanken, bestimmte Gefühle oder durch ein bestimmtes Verhalten genährt.

Die beste Waffe dagegen ist deine eigene Intuition.

Dieses Vertrauen auf deine Intuition hast du nicht gelebt, vielleicht hast du dich zu viel von äußeren Umständen ablenken lassen, vielleicht hast du keine Herzensentscheidung getroffen, zu viel auf den Verstand gehört…

Deshalb ist deine Gesundheit in Gefahr geraten, eine Veränderung ist nun notwendig.
Es muss ein EHRLICHER Umdenkprozess stattfinden,

durch Veränderung deiner Denkweise oder Lebensweise,
durch Veränderung deiner Gefühlswelt,
durch mehr Vertrauen auf dich selbst.

Heilung kann nur in Liebe MIT DIR geschehen!

Das glaubst du nicht?

Nein, weil du die Vorteile einer Lebensveränderung noch nicht erkennen kannst, weil du den Sinn hinter deinem Symptom noch nicht verstanden hast.

Du glaubst, dass deine Lebensführung einwandfrei ist.

Du glaubst nicht, dass du dich selbst ändern kannst, ja sogar musst, um gesund zu werden.

Du meinst es ist viel zu anstrengend, dich für eine andere Lebensweise zu entscheiden?

Wenn das so ist, dann leidest du eben weiter.

Deine Seele wird immer wieder versuchen, dich auf den Weg zu bringen.
Mit der Tugend der Harmonie schaffst du es. Sie enthält alles, was mit Gesundheit und Vollkommenheit zu tun hat.

Das geistige GESETZ DER HARMONIE ist das „feierlichste" Gesetz im Universum. Harmonie kannst du überall miteinbeziehen, in jeder Geste, in jedem Blick, in jedes Wort.

Doch wer versteht schon die Sprache der Harmonie?

Ein harmonisches Leben, wäre die Gesundheitsprävention schlechthin.

Wer die Sprache der Harmonie nicht versteht, muss durch bittere Erfahrungen lernen.

Wie viele Menschen verbreiten den Virus der Unzufriedenheit?

Wie viele kranke Menschen gibt es?

Alles Folgen von innerer Unzufriedenheit. Sie leben nicht ihr Leben, ihre Herzenswünsche.

Sie spielen eine ihnen auferlegte Rolle, werden von der Gesellschaft in irgendetwas hineingepresst und wehren sich nicht.

Manch lehnen sich zwar auf, aber ihnen ist nicht bewusst, dass sie durch Hass, Boshaftigkeit und Neid, noch mehr Leid entstehen lassen.

Übe dich in der Harmonie!

Für viele ein eigenartiger Gedanke, doch all die alltäglichen Dinge, die du in harmonischen Gedanken machst, haben besondere Auswirkungen auf dich und deine Umgebung.

Werde dir dieser Unterschiede bewusst. Probiere es aus!

Jede Handlung, jeder Gedanke und jedes Gefühl, ob es jetzt das Zubereiten des Frühstücks, die Fahrt ins Büro, die Gedanken an die Schule, die Lehrer sind...sollten stets in harmonischem Zustand geschehen.

Auch wenn es dir anfangs schwerfällt, versuche es, die Auswirkung ist enorm.

Du schiebst deine Krankheitsgeschichte gerne anderen zu, den Genen, dem verschmutzen Wasser, der verschmutzen Luft, den verfälschten Nahrungsmitteln...

Alles ist verfälscht, das ist wahr. Aber das ist nur der materielle Aspekt des Problems. Die wirkliche Ursache, ist die Art, wie du denkst, fühlst und handelst.

Jeder negative Gedanke, jedes negative Gefühl zieht Gärungen, Vergiftungen nach sich.

Der Gedanke an die Wirksamkeit eines Medikamentes verhilft zwar vorübergehend zur Linderung, die Ursache ist aber nicht behoben, die nächsten Organe leiden schon darunter. Das Problem wird nur verschoben.

Warum haben Ärzte Kranke schon aufgegeben, und doch wurden sie wieder gesund?

Durch Willensstärke, durch ihre Denkkraft, durch bewusste Lebensveränderung!

Der Geist ist fähig, heilende Elemente zu erzeugen!
Ja, glaub´ daran!

Du aber glaubst, ein ausschweifendes Leben führen zu können, weil es ohnedies ein passendes Mittel gibt, dass dir wieder auf die Beine hilft.

Du gibst die Selbstverantwortung ab!

Die Kosten im Gesundheitswesen explodieren, ohne zu erkennen, dass es so einfach wäre.

Menschen müssten wieder in ihre Harmonie kommen, in die eigenen und in Harmonie mit dem Umfeld.

Übung im Krankheitsfall

Ich bin ehrlich zu mir selbst und

ICH BITTE DEMÜTIG um ERKENNTNIS, was mir mein Symptom sagen will.

Die HEILKRAFT des UNIVERSUMS spüre ich um mich und lasse sie durch mich fließen.

ICH DANKE dieser KRAFT!

Warum ist mein Leben so hart?

MEDITATION

IM KOSMOS HERRSCHT ORDNUNG!

Ich nehme DANKEND und DEMÜTIG mein Schicksal an
Das Universum sorgt für mich
Ich lerne daraus und nütze meine Chance mich zu verändern

66

Schwierigkeiten stellen die besten Voraussetzungen für deine Entwicklung dar. Deshalb ist es wichtig, sie zu untersuchen, um herauszufinden, wie man sie überwinden kann.

Bevor du traurig in Sorgen umhüllt bist und weinst, denke nach! So findest du schneller eine Lösung.

Das Leben enthält alles, was du zum Lernen brauchst. Alles soll zum Guten verwendet werden, alles!
Schwierigkeiten sind gute Gelegenheiten, das Leben zu verändern.
Sei deshalb wachsam, denn Schwierigkeiten zeigen dir, Klarheit in deinem Leben zu finden.

Für jedes Problem gibt es drei Schlüsseln: die Seele, der Geist und der Körper. Nun gilt es den richtigen zu suchen durch folgende Übung:

1) *Was will mir mein GEIST zu verstehen geben?*

2) *Auf was will mich meine SEELE hinweisen?*

3) *Was spiegelt mir mein KÖRPER?*

Wo bin ich von meinem HERZENSWEG abgekommen?

Es können immer wieder Probleme auftauchen.
Die Ursache liegt immer im Leben selbst. Alles fließt, alles kreist, bringt Dinge in Bewegung und der Mensch muss sich diesem Strom hingeben.
Das geistige GESETZ DER SCHWINGUNG wirkt. Alles ist im Rhythmus, alles in Bewegung.

Dein Geist ist dein wahrer Kern. Er hat die Fähigkeit zu denken und jeder Gedanke ist Kraft. Und jeder Gedanke hinterlässt Spuren.

67

Spuren in deinem Leben!

Dies zu erkennen ist ein Prinzip, durch welches man vieles verstehen lernt.

Die meisten stimmen mit diesen Themen überein, doch bei Unfällen, glauben sie, dass es anders ist.
Ein Unfall ist ein Zufall, meinst du?

Nein, im Universum gibt es keinen Zufall, es gibt Gesetze!

Die geistige Ursache, die dahintersteckt, ist, dass die eingeschlagene Richtung plötzlich in Frage gestellt wird.
Du wirst wachgerüttelt, um mit deinem Innersten Kontakt aufzunehmen, um ihm Fragen zu stellen: In welchem Bereich soll ich Impulse setzen, mein Leben verändern?

Das Leben ist dann hart, wenn du nicht verstehen willst, was die geistige Ursache deiner Situation ist.

Das Leben lässt nicht zu, dass du auf der Stelle trittst, es zwingt dich durch alle Gebiete zu gehen, durch die Wüste, durch den Sumpf, aber auch durch herrliche Täler. Es lehrt dich, dir deiner Dinge bewusst zu werden, sie zu verstehen, zu fühlen und zu handeln.

Denke bei jedem Problem an die drei Schlüssel.
Anstelle der Schlüssel zu suchen hältst du dich in deinen Gedanken mit den Unannehmlichkeiten auf, badest in deinem Schmerz und übersiehst die Vorteile, die dir das Universum schickt.

Mit deinen Gedanken ziehst du Spuren im Universum.
Es speichert alles und gibt es zurück. Lenke deshalb die Gedanken auf die Ursachen deiner Probleme, um so deine Gedankenkraft ins Positive zu verwandeln.
Positive Gedanken sind die Ursache eines „leichten" Lebens, negative Gedanken ziehen ein „hartes" Leben nach sich, deshalb pass auf, was du denkst!

Selbst wenn du ein Unglück oder einen harten Schicksalsschlag erleidest, nimm es an! Danke!
Durch Dankbarkeit findet eine Wandlung statt, auch wenn sie nicht gleich ersichtlich ist.

Prüfungen sind Kraftquellen, aber nur dann, wenn du deine Sichtweise veränderst oder eine neue Richtung einschlägst. Genau das will deine Seele.

Das Leben kann „hart" sein, denn das geistige GESETZ DER AUSGLEICHENDEN GERECHTIGKEIT sorgt für jeden Schuldausgleich. Jeder muss seine Schuld zurückzahlen, um den universellen Rhythmus wiederherzustellen, denn wie gesagt: im Universum herrscht Ordnung.

Sei dir bewusst, dass es keinen Zufall gibt. Das Leben hätte sonst keinen Sinn. Oder denkst du ein Mensch, der sein Leben lang schlecht ist, wird am Ende belohnt?
Du selbst bist Herr deines Schicksals, auch wenn du es jetzt noch nicht verstehen willst.

Mit deinen Gedanken machst du dich zum Schöpfer deines Schicksals,
du bist der Täter und nicht das Opfer.

Der Rhythmus des Lebens führt dich immer wieder zu jenen Plätzen, zu Ländern, zu Menschen, mit denen du noch etwas zu „lösen" hast.
Das Leben schafft Situationen, wo du immer wieder die Chance erhältst, zu lernen.

Sei dir bewusst, dass der beste Weg sich aus einem „harten" Leben zu befreien, die Liebe ist.
Wenn dein Leben „hart" ist, verzeihe, vergib, gehe in dich, höre auf deine innere Stimme. Es kann sonst noch schlechter werden.

Dein Körper zerfällt zu Staub, dein Geist nicht!
Dein Geist entscheidet über dein weiteres Schicksal!

Gehen Wünsche in Erfüllung?

MEDITATION

ICH GLAUBE an die ERFÜLLUNG meines WUNSCHES
und bin offen für mein GLÜCK
Ich erbitte die BESTEN DINGE für meine Entwicklung
und für die Entwicklung der GANZEN WELT

Wünsche sind Gedanken, aber der kleinste Zweifel an deinen Gedanken, verhindert die Verwirklichung deines Wunsches.

Die größte Wahrheit ist, dass Gedanken eine reale Kraft sind, sie sind dein Geist, der Kern deines Lebens.

Deshalb ist die Zauberformel: sich immer auf das Beste und Schönste zu konzentrieren, das geistige GESETZ DER AFFINITÄT, eines der wichtigsten Gesetze überhaupt.

Stelle dir deinen Wunsch bildhaft vor, fühle ihn, erlebe ihn mit all deinen Sinnen. So lenkst du deine Gedanken auf das, was du dir wünscht - und Wunder können geschehen.

Dr. Joseph Morphy hat diese Kraft schon angewandt, die Kraft des Unterbewussten.

Die Kraft der Gedanken ist real, sowohl die negative als auch die positive Seite. Mit deinen negativen Gedanken ziehst du Unglück an. Deshalb sollte deine erste Aufgabe sein, deine Gedanken zu überwachen. Was immer du tust, wirf einen Blick auf dein Innenleben.
Es ist manchmal unglaublich, zu erkennen, was man denkt. Das sind aber genau jene Kräfte, die dich beherrschen.

Meistens wird dir dein Innenleben erst bewusst, wenn du eine Tragödie durchmachst. Aber du warst es, der diese negativen Elemente angesammelt hat, die dich nach und nach zerstörten.

Eine grundlegende spirituelle Aufgabe ist es, seine Gedanken zu beobachten, wann immer dies möglich ist. Wenn du irgendwo wartest, im Auto fährst, kochst, Zähne putzt, bei banalen alltäglichen Dingen oder bewusst in der Stille, in der Meditation.

Der erste Schritt zur Freiheit, ist zu erkennen, was du denkst.

Die Gedankenkraft ist eine Macht, die zerstören und quälen kann. Aber auch ein Instrument, das wahre Wunder vollbringen kann.

Übung

Stelle dir neben deinen Schwierigkeiten, all deine Reichtümer und Fähigkeiten vor und vergleiche sie. Probleme werden kleiner oder können verschwinden.

Mach dir bewusst, was du denkst, denn Gedanken verwirklichen sich.
In deinen Gedanken lebst du deine Zukunft!
Unreine, unsaubere Gedanken verschmutzen dich psychisch.
Du wirst zu einem Sumpf. Krankheit, Boshaftigkeit, Eifersucht... sind die Geschöpfe dieses Sumpfes.

Die größte Macht, die dir Gott geschenkt hat, ist dein Geist.

Das unterscheidet dich von den Tieren und Pflanzen. Dein Geist ist der Kern deines Lebens, deshalb nütze ihn sinnvoll.

Jeder Gedanke ist wie ein Bote, den du in den Raum aussendest. Du kannst damit aufklären, helfen, trösten und heilen. Entsprechend dieser Boten, die du aussendest, ziehst du Adäquates an.

Die Boten schwirren ständig in dir und um dich herum, wie eine Schar von Kindern. Manche hängen an dir und rauben dir deine Kräfte. Andere gehen in die Welt hinaus und richten großen Schaden an und die dritten nehmen engelhafte, göttliche Gestalt an. Sie bringen dir viel Segen.

Gedanken sind Energien, die schwingen und im Universum Spuren hinterlassen. Im feinstofflichen Bereich verändert sich etwas, auch wenn du es nicht gleich erkennst.

Das ist auch der Grund, warum du nicht daran glaubst. Deine Idee verwirklicht sich nicht so schnell, wie du möchtest.

Doch du hast sie wahrscheinlich noch nicht verinnerlicht, sie noch nicht im Gefühlsbereich durchlebt, mit Herz und Intellekt.

Ein Auto kann auch nicht fahren, wenn kleine Teile fehlen.

Dieser Gefühlsbereich ist das Bindeglied, dass sich deine Idee in Materie umsetzen kann. Du erreichst sie, indem du dich mit dem Himmel in Verbindung setzt, im Gebet oder in der Meditation.

Der Sinn des Lebens liegt dort, wo die Kraft zu finden ist und die Kraft liegt in der Aktivität des Geistes.

Was du denkst, bist du.
Auf das du deine Gedanken lenkst, das wird sich erfüllen!

Hass und neiderfüllte Gedanken sind geistiges Gift.
Auf diese Weise erklärt sich alles.

Mach dir diese Zauberformel bewusst, halte dir deinen Wunsch vor Augen, indem du dir deine Wünsche bildhaft vorstellst, mit allen Sinnen spürst, so oft wie möglich und ohne Zweifel.

Eine weitere Übung:
Gehe abends vor dem Zubettgehen deine Gedanken durch, die du während des Tages hattest. Du wirst erkennen, warum du dir Sorgen anhäufst. Versuche täglich positive Gedanken zu kreieren.

Das geistige GESETZ DER AFFINITÄT bedeutet, dass auf jede Aktion eine Reaktion folgt. Das Universum reagiert auf deine Gedanken.

Es gibt nur ein Heilprinzip:
Der GLAUBE!
Der GLAUBE an deinen GEIST!
Der GLAUBE an DEINE WÜNSCHE!
Deine GEDANKEN machen es möglich!

<u>Wer bin ich wirklich?</u>

„ICH – BIN" **MEDITATION**,
die zum Verstehen der Wahrheit führen soll

Verbinde dich mit deiner göttlichen Quelle,
deinem Kern und lausche

ICH bedanke mich, dass ich so BIN, wie ICH BIN
ICH BIN das Licht, ICH BIN das Leben, ICH BIN die Freude
Ich strahle im Licht Gottes

Du weißt nicht wer du bist, weil du nur mit deinem Außen beschäftigt bist?

Die Zeit ist reif, in dich zu gehen, deine eigene Seelengeschichte anzusehen, um zu erkennen, wer du bist.

Das Zeitalter des EGOs ist zu Ende, du wirst dich immer mehr mit dir und deiner Wahrheit beschäftigen müssen, um ein höheres Bewusstsein zu erlangen.
Du bist eingetaucht in eine Welt vieler Dinge, die außerhalb von dir liegen. Du hast so viel um die Ohren, bist gestresst und findest wenig Ruhe. Solange du in Unruhe lebst, wirst du dich selbst nicht kennen lernen.

Es führt sogar so weit, dass du an dir herumnörgelst, mit dir unzufrieden bist, dich kritisierst. Du erkennst deinen wahren Reichtum nicht.
Du zweifelst an dir, du liebst dich nicht, so wie du bist. Doch die Selbstliebe ist deine Gesundheit. Ist dir das bewusst?
Sie ist die Ursache deines Schicksals.

Deine Selbstliebe wurde im Laufe der Jahre zugeschüttet mit Zweifeln, Ängsten und Schuldgefühlen. All sie stecken in dir, weil du oft genug gehört hast, „nicht entsprochen" zu haben. „Du kannst dies nicht. Du kannst das nicht. Du bist zu dumm für dieses und für jenes."

Du hast dich deshalb von dir selbst abgewandt, ohne deine inneren Reichtümer, deine inneren Schätze kennen zu lernen.
Du weißt sie nicht zu nutzen.
Doch genau diese Perlen, diese Schätze trägst du in dir.
Wo immer du hingehst, du nimmst sie mit, auf sie kannst du zählen.
Kannst du das von deiner Außenwelt auch behaupten?
ERKENNE DEIN WAHRES ICH!

Dein wahres Selbst! Übernimm keine Rolle, die man dir auferlegen will, die du nicht spielen willst.
Verwirkliche dich selbst, höre in dein Innerstes und vertraue, was es dir zu sagen hat, aber sei ehrlich mit dir selbst.

Mach Dinge, wo du deinen Selbstwert stärkst. Dinge, die du kannst, die in dir stecken. Dinge, die du als Kind schon gerne gemacht hast. Nimm dir Zeit für dich, suche die Ruhe, die Stille, höre in dein Innerstes.
Tauche in die Tiefe und bring die Perlen vom Meeresboden an die Oberfläche.
Du glaubst, du brauchst Bestätigung im Außen?
Du tust alles, um „wertvoll" zu sein, um Anerkennung bei den anderen zu finden?
Erhältst du dann Anerkennung, glaubst du kurz etwas zu besitzen, aber wenig später hast du wieder nichts mehr.
Erneut nimmst du Anlauf, um irgendetwas zu bewegen, um anerkannt zu werden.
So bewegst du dich im Kreis und machst dich abhängig von den anderen.

Aber, AN ERKENNST du dich, so wie du bist?

Warum erwartest du dir Anerkennung immer von außen?
Deine inneren Schätze trägst du immer mit dir.
Wenn du den Überfluss, die Fülle suchst, so findest du sie nur IN DIR!

Du bist ein Mensch, mit Fähigkeiten, mit Kenntnissen, deren Reserven du noch nicht gefunden hast, weil du noch so viel Zerstreuung im Außen brauchst.
Unterschätze deine Perlen nicht, werde dir dessen endlich bewusst! Du bist EIN ZIG ARTIG!

Hast du einmal deine Gaben entdeckt, trage sie nach außen.
Andere Menschen erkennen diese Schätze auch und du erkennst die Schätze der anderen.
Du würdest nicht mehr blind sein, dich nicht mehr täuschen lassen von deinem Gespür. Du würdest das wahre Wesen in jedem erkennen.

76

Du würdest mit dir zufrieden sein, und deine Aufmerksamkeit auf all das Gute lenken.

Alle würden sich von dir angezogen fühlen. Menschen spüren diese fruchtbaren Keime. Sie erwachen immer mehr und mehr und fangen selber an zu sprießen.

Unbewusst bist du eine Quelle, die all ihre Gefühle sprudeln lassen will. Eine Quelle, die endlich an die Oberfläche gelangen möchte.

Werde dir deines Wesens bewusst, entfalte dein Potential. Mach was du willst, nicht was die anderen wollen!

Deine reine Quelle (dein wahres Wesen) hört keinen Augenblick auf zu sprudeln, du musst nur ab und zu zur Quelle gehen und sie versuchen zu verstehen. Lass sie nicht verschmutzen! Lebe dein Leben!
Nur wenn du dir die Zeit nimmst, dich mit diesem Kern zu verbinden, die Wahrheit in dir zu suchen, wirst du den Sinn deines Daseins erkennen.

Verwirkliche dich selbst, erkenne wer du bist!

Nur so lebst du dein WAHRES ICH, nur so erkennst du deinen GÖTTLICHEN KERN, deine Perlen.

Du BIST Du !
Sei ehrlich und frage dich, was DU willst!
Du bist Seele, du bist Bewusstsein, du bist göttlich, DU BIST DU!

Übung

Was will ICH?
Was kann ICH?
Was sind meine Perlen?
Welche Schätze trage ich in mir?

Wo finde ich mein Glück?

MEDITATION

ICH FÜHLE das GLÜCK in mir

ICH BIN die QUELLE des GLÜCKS
ICH BIN die WIESE VOLLER BLUMEN
ICH BIN ein Segen in meinem UMFELD

Dein Glück findest du nur IN dir.

Glück bedeutet, zum Leben JA zu sagen!

Persönliches Glück zu empfinden, hängt von der Stufe deines Bewusstseinsgrades ab. Wenn du nicht glaubst, wirst du kaum das ersehnte Glück finden.
Du läufst deinem Glück hinterher, wie einem Ball, der dir immer wieder entgleitet.

Glück zu empfinden hängt sehr viel mit Glauben zusammen.

Du glaubst dein Glück außerhalb von dir zu finden, in Vergnügungen, Leidenschaften und Gelüsten? All diese Dinge helfen dir nur das unmittelbare Glück zu sehen. Anschließend fällst du umso tiefer. Du füllst dir damit nur eine momentane Leere.
Du machst dich abhängig und diese Abhängigkeit schwächt.

Glaubst du an die Wahrheit, das Bestehen der geistigen Gesetze, an Gott, an irgendeinen Schöpfer, an eine höhere Macht, ein höheres Wesen, so wirst du Glück überall finden: in der Natur, in jeder Blume, in jedem Grashalm, in jedem Tier, in jedem Menschen.
Wo immer du deinen Blick hinwendest, du wirst das Glück erkennen.

Das wahre Glück zu empfinden ist ein himmlisches Geschenk.

Übung

Gehe anderen mit einem „vollen Gefäß" entgegen, mit einem kleinen Geschenk, mit einem freundlichen Blick, einem aufmunternden Lächeln...und du wirst Glück erfahren.

Das Geheimnis ist, dass die Suche nach dem Glück, die Suche nach Gott ist. Dein Innerstes lässt dich Glück erkennen oder nicht. Hast du Gott in dir schon gefunden, so kannst du Glück empfinden.

Du aber sprichst von Glück, wenn du dir ein angestrebtes Ziel erfüllt hast. Wenn du ein paar erfreuliche Minuten hattest, einem Vergnügen nachgegangen bist. Doch diese Dinge bringen dich schnell wieder auf den Boden der Realität zurück.

Auch Geld macht nicht glücklich, wie du schon erkannt hast. Es ist bloß ein Mittel zur Befriedigung deiner niedrigen Natur. Dein Geist, deine Seele brauchen kein Geld. Sie brauchen Licht und Liebe. Es ist zwar nicht schlecht Geld zu haben, doch es heilt nichts.

Es ist natürlich wichtig, anerkannt, geliebt, gesund zu sein. Das alles reicht aber nicht aus, glücklicher zu werden.
Ein Haus, ein Ehepartner, Ruhm, Wissen und Schönheit müssen nicht Glück bedeuten. Du verschaffst dir all das und bleibst doch enttäuscht, bleibst innerlich leer.
Sieh dich nur um, wie viele Menschen, das alles haben und trotzdem nicht glücklich sind?

Das wahre Glück geht weit über den physischen Körper hinaus.
Glück musst du auf viel höherer Ebene suchen, dort, wo die Materialien beständig sind. Liebe, Glaube, Vertrauen!

Übung

Belebe dein Umfeld mit deinem Segen. Segne Tiere, Blumen, Pflanzen, Bäume, Menschen. Grüße sie, wann immer du in der Natur bist.
Du wirst sehen, wie dir und dem Anderen dieser Segen guttut.
Du lässt dadurch alles erstrahlen.

Wenn du Glück empfinden kannst, hast du dir schon außerordentliche Eigenschaften angeeignet. Es sind Eigenschaften der Beständigkeit.

Du hast dich lange bemüht „in einem höheren Sinn" zu denken, zu handeln, zu lieben, zu arbeiten. Nämlich im Bewusstsein, dass alles einen Sinn hat, so wie es ist.

Im Bewusstsein, dass es eine höhere Führung gibt.

Du betrachtest die Dinge aus einer anderen Perspektive. Du kannst dir noch so schwierige Situationen erklären, lächelst, wenn alle anderen jammern.
Das Glück ist dir mitgegeben worden, versuche dich zu erinnern, versuche in dich selbst einzudringen, um in dieser Tiefe „dieses Höhere" zu finden.

Ein paar angenehme Augenblicke bedeuten noch kein Glück.
Glück ist ein Bewusstseinszustand. Es ist eine besondere Art, die Dinge zu erfassen, eine besondere Lebenseinstellung.

Glück wird nur denen zuteil, die erkannt haben, dass es eine höhere Macht gibt.

Glück ist die Atmung der Seele und deine Seele wünscht sich etwas Sinnvolles zu machen.
Sie möchte Großartiges bewirken.

Übung

Handle uneigennützig, und du wirst spüren, wie frei, stolz und glücklich du dich fühlst!

Durch diese Übungen kannst du deine „niedrige Natur" besiegen.

Glück zu finden erfordert aber Disziplin und Ausdauer.

Für Egoisten gibt es kein Glück.
Das Glück liegt nämlich in der Großzügigkeit!

Warum habe ich kein Glück mit meinem Partner?

MEDITATION

ICH DANKE meinem PARTNER, denn er zeigt mir,
was ich noch zu lernen habe.
Ich weiß, dass er MOMENTAN der RICHTIGE
in meinem Leben ist,
nur so findet meine Seele IHREN WEG!

Du bist es, der bestimmte Partnertypen anzieht. Es kommt immer der „richtige" Mensch in dein Leben. Du hast dir genau „diesen" ausgesucht, um dich weiterzuentwickeln, deshalb hast du Glück!

Der Zweck einer Partnerschaft, ist es, zu erkennen, wer du wirklich bist. Eine Beziehung ist ein Lernfeld, denn sie zeigt dir, was mit dir los ist.

Dein Partner spiegelt dich!

Das was du für den anderen fühlst, richtet sich immer gegen dich selbst, ohne dass es dir bewusst ist.
Alles, was dir dein Partner spiegelt, hängt mit dir zusammen.

Du findest nichts außerhalb von dir, was du nicht bereits in dir gefunden hast.
Bist du also mit deinem Partner unzufrieden, bist du es auch mit dir selbst.
Das kannst du jetzt nicht annehmen? Ja, es ist auch manchmal schwer zu verstehen.
Genau das ist aber der Punkt. Wäre es dir bewusst, hättest du dieses Thema nicht. Der Partner ist immer nur das Spiegelbild deines Innersten. Er spiegelt dir Eigenschaften, die dein Lernthema sind.
Somit ist es dein Glück, den richtigen Partner gefunden zu haben. Deine Seele weiß genau, wem sie anziehen muss, damit du dich weiter entwickeln kannst.

Nach dem GESETZ DER RESONANZ können wir erst dann den idealen Partner anziehen, wenn wir selbst zum idealen Partner geworden sind.
Der Partner, mit dem du zusammen bist, ist der Richtige, weil er dich genau mit dem konfrontiert, was du aufzulösen hast.

Oft ist es schweres Leid, doch anders lernt der Mensch nicht.

Je mehr Liebe, Weisheit und Schönheit du in dir erkennst, umso mehr strahlst du das nach außen. Auch dein Partner wird das erkennen und sich dementsprechend verhalten.

Du glaubst das nicht? Weil du diese geistige Spiegelung noch nicht bewusst erkannt hast.
So wie oben, so auch unten, so wie in dir, so auch um dich!

Die Außenwelt spiegelt dir deine Innenwelt. Du darfst dir nichts vormachen, sei ehrlich zu dir selbst.

Du findest nie Reichtum, Frieden und Glück, wenn du dich nicht bemühst, all das in dir zu finden.

Liebe ist eine enorme Kraft, die bewirkt, dass du deinem Ideal gleich wirst. Liebst du einen vulgären, unehrlichen, gewalttätigen Menschen, so machen sich seine Schwächen in dir breit, bis du ihm schließlich gleichst.
Du glaubst, dass der andere für dein Wohlbefinden oder Nichtwohlbefinden verantwortlich ist? Nein. Du selbst bist für dich verantwortlich, du wählst dein Ideal.
Deshalb ist es sehr wichtig ein lichtvolles Ideal zu wählen, ein geistiges Wesen, um diesem gleich zu werden.

Es erweitert dein Bewusstsein, erdrückt dich nicht mit Liebe, indem es klammert, egoistisch ist, dich einengt oder dir Kraft entzieht.

Du findest dieses Ideal nur, wenn du dich selbst weiterentwickelst, dich Spirituellem hingibst, an dich glaubst. So wird sich auch dein Partner unbewusst verändern.

Du hast einen großen Einfluss auf deinen Partner und er auf dich.

All euren inneren Zustand überträgt ihr auf den anderen. Oft sind diese Zustände alles andere als energetisch „hochwertig" und so erkennst du gar nicht, was du überträgst.
All deinen Kummer, deine Mutlosigkeit gibst du unbewusst weiter, und dem anderen fällt es gar nicht auf.

Der ständige Austausch miteinander, die Nervosität, Gereiztheit, Lustlosigkeit geht energetisch auf deinen Partner und dein Umfeld über.
All deine inneren Gedanken, Gefühle werden über deine feinstofflichen Körper, als Nahrung aufgenommen.
Deshalb lerne bewusst Aufmerksamkeit zu entwickeln, schärfe deine Sensibilität! Es ist sonst ein ständiger negativer Kreislauf.

Ich denke nun an Streitgespräche bei Tisch:
Sei dir bewusst, dass du durch das Essen vieles in dich aufnimmst. Jedes Wort, das während deiner Mahlzeit fällt, nimmst du energetisch mit ein. Deshalb vermeide Streitgespräche bei Tisch, iss bedächtig und ruhig in dankender Haltung.

Dein Partner, du, deine gesamte Familie werden diese positive Veränderung spüren.
Übernimm Eigenverantwortung, nur so ist menschliches und geistiges Wachstum möglich.

Obwohl es viel leichter wäre, in der Opferrolle zu verharren und zu sagen „Du bist schuld", so ist doch Eigenverantwortlichkeit Voraussetzung, den Sinn des Lebens zu finden.

Wenn du Eigenverantwortung für dich übernimmst, bist du auch frei.
Das „Brauchen" eines Partners hört auf.
Du spürst dein wahres Sein, du spürst, dass du ein vollkommen freies Wesen bist.

Sei dir bewusst:

Deine Partnerschaft verhilft dir nur, deine Freiheit zu finden!

<u>Warum bin ich im Winter depressiv?</u>

MEDITATION

ICH BIN ein Kind des Lichts, ICH LIEBE das LICHT
ICH DIENE dem LICHT, ICH LEBE im LICHT
ICH werde behütet und versorgt durch das LICHT
ICH SEGNE DAS LICHT

Du bist traurig, weil du im Winter wenig Sonne findest und sie ist das höchste Ideal, die Urquelle aller Dinge. Jedes Lebewesen sehnt sich nach LICHT.

Die Sonne ist vollkommen, und da du dich auf den Weg zur Vollkommenheit befindest, möchtest du unbewusst ihre Energie aufnehmen.
Doch du hast auch in dir eine Sonne.

Die Sonne ist das männliche Prinzip im Universum. Sie nährt, belebt, erweckt, treibt an, befruchtet. Sie gibt. Du brauchst sie.
Ohne Sonne kein Licht, ohne Licht, keine Leben.

Die Erde ist das weibliche, das nehmende Prinzip. Erde und Sonne sind also 2 Prinzipien, die sich ergänzen, das geistige GESETZ DER DUALITÄT.

Da du ein Erdenbürger bist, bist auch du von ihr abhängig, denn Sonne ist Licht und ohne Licht findest du dich nicht zurecht.
Nun scheint im Winter weniger Sonne und du fühlst dich schlapp und antriebslos. Es gilt das Sonnenlicht zu erkennen, auch wenn es nicht scheint.

Sieh dich um, wo Licht zu erkennen ist?
Im Feuer durch einen wärmespendenden Ofen, zum Beispiel?
In einer flackenden Kerze?
In einer wohltuenden Atmosphäre, bei netten Gesprächen mit Freunden?
In Mineralien, Pflanzen, Edelsteinen?
Das sind alles Produkte der Sonne.
In ihnen ist Sonnenlicht gespeichert.

Die Sonne regiert alles im Universum, in ihr befindet sich Gesundheit, Reichtum und Glück der gesamten Menschheit, dessen sind sich aber die wenigsten bewusst.

Deshalb konzentriere dich im Winter auf die Sonneneigenschaften in dir und um dich.
Nimm in der Stille deine Kräfte wahr, werde ruhig und nimm dein eigenes inneres Licht wahr.
Lass dich durch dieses Licht inspirieren, beleben!

Dieses Licht ist deine Nahrung!

Alles was du im Makrokosmos vorfindest, findet sich auch im Mikrokosmos, ein geistiges Gesetz, deshalb findest du auch die Sonne in dir wieder.

Verbinde dich mit deiner inneren Sonne, strahle dein LICHT, DEIN SONNENLICHT, in alle Richtungen, nach Norden, nach Osten, in den Westen und in den Süden.

Dadurch gibst du, nährst du, erzeugst du. Du errichtest dieselbe Arbeit wie die Sonne und verspürst Freude, Beglückung und Erweiterung ohnegleichen.
Es gibt keine erwärmender, belebendere, leuchtendere Arbeit, als die Aktivität, die der Sonne entspricht.
Du kannst zur uneigennützigen Sonne werden!
Alle suchen dieses wärmende, lichtspendende, vertrauensvolle Wesen. Du bist Sonne, sei dir dessen bewusst!

Kaltherzige Wesen werden gemieden, umgangen. Sie strahlen nicht die Wärme der Sonne aus.

Übung
Entdecke diesen herrlichen, blühenden Garten mit den Früchten in dir, entdecke deine eigene Sonne.
Nähre und gieße deine Früchte durch uneigennützige Gedanken, wende dich ehrfürchtig und liebevoll dem Licht zu.
Atme Licht ein und aus. Lass Licht durch deinen Körper ziehen, so werden deine Früchte nicht länger sauer und grün bleiben, sondern köstlich schmecken.

Die Sonne ist das Zentrum allen geistigen Wissens und drückt dieses in ihren Strahlen durch die 7 Farben aus.

In jedem Strahl ist hohes Wissen einer besonderen Tugend gespeichert:

Rot	ist das Leben, die Liebe, die Reinheit
Orange	entspricht der Gesundheit, der Lebensfreude
Gelb	ist die Harmonie, der Friede
Grün	ist die Heilkraft, die Evolution,
Blau	ist die Vollkommenheit, die Wahrheit
Violett	ist die göttliche Allmacht und Liebe, die Weisheit
Weiß	ist die Glückseligkeit

All diese Tugenden atmest du ein und aus, wenn du dich mit deiner Sonne verbindest, egal ob im außen oder in deinem Innersten!
Werde dir DEINER SONNE bewusst! JETZT!

Verbinde dich nicht nur intellektuell mit der Sonne, durch Denken, sondern
auch durch bewusstes Ein- und Ausatmen und lass ihr Licht durch dich fluten.

Die Sonne schützt dich und du spürst gleichzeitig Lebensfülle.
Öffne deine Tore für das Sonnenlicht.
Sie legt all ihre Schätze in dir nieder, Leben, Liebe, Weisheit und Schönheit.
Tritt mit der Sonne in Kontakt, wann immer du Zeit und Lust hast.
Vertraue.
Die Sonne ist Nahrung für alle Lebewesen, sie nährt deine feinstofflichen Körper. Sie fördert deine Gesundheit. Sie ist dein Jungbrunnen.
Deshalb versuche dich im Frühjahr und Sommer möglichst viel mit der Sonne zu verbinden. Dann hast du im Winter die Kraft, die Sonne in dir nach außen strahlen zu lassen.

Je mehr du das Licht suchst, desto mehr ziehst du es an!
Je mehr du gibst, desto mehr bekommst du!
Licht zieht Licht an!
Vor jeder wichtigen Erledigung, suche das Licht!

Was ist mit der Erde los?

MEDITATION

ICH SEGNE die ERDE, danke für alle Schätze
und Früchte und schenke ihr FRIEDEN

ICH ERFÜLLE mein Herz mit STRAHLENDEM LICHT
Dieses Licht fließt friedvoll in die Welt hinaus
und ERHELLT die ERDE

Die Sonne, die das nährende, das gebende Prinzip darstellt, ist das Gegenteil der Erde, die das weibliche, das nehmende Prinzip symbolisiert.

Die Erde nimmt somit die Energie auf, die rundherum schwingt.
Es sind deine Gedanken und meine, es ist deine Einstellung zum Leben und meine.
Alles Gute und Böse hat Auswirkungen auf die Erde.

Die wenigsten Menschen wissen um diese Wechselwirkung und wundern sich, was auf der Erde los ist, ohne zu bedenken, dass sie selbst die Verursacher sind.

Die Natur rebelliert, Unwetter, Hochwasser, Erdbeben weisen darauf hin, dass der Einklang, der Friede mit Mutter Erde nicht hergestellt ist.

Das geistige GESETZ dahinter ist, dass das UNIVERSUM DEN MAKROKOSMOS darstellt und der MENSCH DEN MIKROKOSMOS. D.h. alles was im Weltall als Materie und Energie existiert, lässt sich auch im Menschen wiederfinden und umgekehrt. Alles Gute und alles Böse.

Wenn in dir und um dich kein Friede herrscht, gibt es auch auf der Erde keinen Frieden.

Es ist eine schädliche Angewohnheit, allem und jedem gegenüber, deine Unzufriedenheit auszudrücken. Dein finsterer Blick, dein düsteres Gesicht, deine schroffen Bewegungen verströmen Unfrieden und Disharmonien.

Du verpestest deine Umgebung, mit der du aber so stark verbunden bist.
Vor allem durch deine Worte. Deine Zunge wurde dir nicht gegeben, um andere zu schwächen. Deshalb vermeide Kritik!

91

Beherrsche deine Gedanken und Gefühle und erzähle nicht alles Mögliche über den einen oder anderen, denn das sind Folgen für dich und die Erde.

Sei wachsam und wenn es passiert, mach den Schaden gleich wieder gut.

Frage dich stets, warum mache ich jetzt den Mund auf? Ist es um Gutes zu tun, um jemanden aufzuklären, zu heilen, zu befreien? Dann sprich! Sonst schweige!

Weise Menschen sprechen weniger.

Mit deiner Zunge und mit deinen Händen kannst du viel Frieden und Harmonie auf der Welt herstellen, aber auch viel Kummer und Leid hervorrufen.

Jedes Händeschütteln kann zu einer friedlichen Bewegung werden, durch die du Licht auf die Erde bringst, und ebenso jedes deiner Worte.

Tue es nicht mechanisch. Gewöhne dir an, Frieden mit zu schenken.
In jeder Geste kann viel Liebe fließen lassen. Jede Geste kann tröstend und ermutigend wirken.

Der Mensch ist mit dem Kosmos verbunden, somit auch mit der Erde, mit jedem Stein, jedem Tier und jeder Pflanze...und es leben noch viel mehr Wesen um uns. Auch solche die wir derzeit nicht mit dem freien Auge wahrnehmen können.
Du kannst es nur selbst spüren, dass du der Natur angehörst, um zu begreifen, zu erleben und zu empfinden.

Achte die Natur. Ändere deine Einstellung zur Natur und zu allen Lebewesen. So ändert sich auch die Schwingung auf der Erde und unser aller Schicksal.

Mach dich nützlich, hilf Tieren, Bäumen und Pflanzen!

Durch diese Arbeit ziehst du die ganze Schöpfung empor, du lenkst den Segen auf alle Geschöpfe und somit auch auf die Erde. Sie wird es dir danken.

Dein Wirken spiegelt dich, dein Wirken spiegelt das Leben auf diesem Planeten.
Du bist mit allem verbunden, und wenn Friede in dir ist, strahlst du ihn auf dein Umfeld ab, dieser Friede zieht seine Runden und bringt den Frieden auf die Erde.

Anhaltende positive Veränderung auf der Erde sollte dein und mein Anliegen sein.
Wandlung findet bereits statt. Viele Menschen setzen sich bereits für die Erde ein, aber noch zu wenige.

Alte Energien transformieren sich, dies ist erkennbar durch die Veränderungen der Menschen, durch die Veränderungen auf der Erde.
Das neue geistige Zeitalter des Wassermanns bringt Reinigung, Transformation und Umwandlung mit sich. Alles wird klarer und "geistiger".
Das Wasser wird viel dazu beitragen. Deshalb solltest du dich so oft wie möglich mit dem Wasser verbinden, es reinigen, es segnen, es lieben.

Hochwasser, Sturmfluten, Lawinenabgänge haben mit Wasser zu tun und sind nur dienlich den Reinigungsprozess auf der Erde einzuleiten.
Das könnten wir einfacher haben, zum Beispiel mit dieser Übung

Eine Übung für die Reinigung der Erde:
Stelle dir Violettes Licht vor, die Kraft der Reinigung, der Umwandlung.
Lass einen violetten Strahl vom Himmel durch deinen Körper ziehen, jede Zelle wird von dieser reinigenden Kraft erfasst.
Dehne das violette Licht aus, auf deine Wohnung, deine Familie, dein Haus und Garten, deine Umgebung, dein Land, deinen Kontinent, die Erde, das All.

Warum fühle ich mich einsam?
Warum verspüre ich Aggressionen?

MEDITATION

ICH ATME segensreiche Luft ein
Halte sie an bis ich mich mit all dem SEGEN bereichert habe,
AMTE aus und erfülle das Universum mit meinem SEGEN
ICH NEHME und GEBE

Kann es sein, dass dich dein eigenes Verhalten isoliert? Du bist nicht frei?

Du kannst dich nicht öffnen, weil du nicht liebst?
Du bringst es nicht fertig, ein paar ermutigende oder tröstende Worte zu sprechen?
Du kannst nicht geben, sondern erwartest, dass andere auf dich zugehen? Sei ehrlich!

Auch andere haben Sorgen und spüren deine Isolation, die du aussendest und die nicht sehr einladend wirkt.

Wenn du unter Einsamkeit leidest, darfst du nicht untätig bleiben.
Mach den ersten Schritt, geh auf jemanden zu, versuche dich zu überwinden.

Wenn du im Einklang mit den geistigen Gesetzen lebst, dem GESETZ DER HARMONIE, des FRIEDENS, der LIEBE....wirst du dich wie eine aufgeblühte Rose fühlen, die ihren Duft versprüht.
Jeder erfreut sich an dir, bleibt stehen und riecht.

Doch dazu gehört eine Portion Arbeit an dir selbst. Dazu gehört die Reinigung im spirituellen Sinn.
Nur ein geistig reiner Mensch kann den Duft einer Rose ausstrahlen und so Anziehungspunkt für andere werden.

Ein geistig reiner Mensch wendet sich dem Licht und der Liebe zu, durch Fasten, durch Gebet, durch Meditation oder Atemübungen.

Fasten reinigt Körper, Geist und Seele. Du wirst lichtempfänglicher, weil du deinen Blick auf Wesentliches richtest.

Im Gebet oder in der Meditation empfängst du Liebe und Licht durch deine Gedanken, weil dir in der Stille vieles Klarer wird.

Auch die Atmung trägt das Geheimnis des Lebens in sich. Durch richtige, bewusste Atmung kannst du unendliche Kräfte, unendliche Lichtströme anziehen!

Durch diese regelmäßigen Reinigungen „fließt" dein Leben, du liebst, öffnest dein Herz. Du wirkst wohltuend und ziehst andere an, wie Motten das Licht.

Du kannst das jederzeit üben, denn Atemübungen wirken sich günstig auf deine Gesundheit aus, sie erwecken positive Kräfte und deine Gedanken werden sofort klarer und leichter.

Öffne dich und atme!
Atme ein und atme aus!

Wenn du einsam bist, versuche tief Licht ein und auszuatmen und gehe auf jemanden zu.
Wenn du aggressiv bist, versuche tief ein und auszuatmen, bevor du etwas tust, was du später bereuen würdest.

Das Element Luft, mit dem du bei deiner Atmung in Berührung kommst, bedeutet Freiheit. Doch weder bei Einsamkeit, noch beim Erleben von Aggression bist du frei.

Aufgrund deiner oberflächlichen Lebensweise lässt du eine tiefgehende Atmung nicht zu. Du hechelst in den Alltag hinein, ohne die Luft zu "kauen".

Du atmest schnell, unregelmäßig und erweckst dadurch negative Kräfte, weil du nicht erkennst, welche Schätze in der Luft liegen, welch mächtiges Mittel die Atmung ist.

Richtige Atmung ist Heilung!

Alles Nützliche ist in der Luft und wirkt wie ein Jungbrunnen.

Übung:
Stelle durch deine tiefe, bewusste Atmung eine Verbindung zum Himmel her. Öffne dich dem Hier und Jetzt, lass alles Wertvolle in dich eindringen.

Atme vor jeder Unterredung, die du dir schwierig vorstellst. Dann artet sie nicht aus.
Ein spiritueller Mensch weiß um die Bedeutung der Atmung, die frei, leicht und glücklich macht.

Öffne dich und lass den Segen des Atems in dich dringen. Du öffnest dich für die Urquelle, aus der du alles schöpfen kannst.

Alle deine Zentren werden erweckt und du stellst eine Verbindung mit den kosmischen Energien her.

Alles Nützliche ist in der Luft konzentriert und dein Organismus weiß genau, was ihm fehlt. Indem du dich bewusst für die Quintessenz aus der Luft öffnest, kommst du mit verborgenen Kräften in Berührung. Diese sind für dich beruhigend, ausgleichend, machen vital und leistungsfähig und sie erhöhen dein Denkvermögen. Du wirst staunen!

Jungbrunnenübung

Wann immer du daran denkst, nimm einige tiefe Atemzüge, lege die linke Hand auf dein Sonnengeflecht (Magenbereich, dein Zentrum), lege deine rechte Hand drüber und spüre wie sich dein Zwerchfell ausdehnt.

Die Wirbelsäule sollte gerade sein, um sich nach oben öffnen zu können.

Übe dich im Anhalten des Atems. So öffnest du dich den universellen Kräften!

97

<u>Warum fällt es mir so schwer, zu vergeben?</u>

MEDITATION

ICH stelle mir........................
(denjenigen oder diejenige, dem ich schwer verzeihen kann)
eingehüllt in ROSA vor

Ich erfülle ihn mit VOLLKOMMENER LIEBE

Ich spüre die LIEBE in MEINEM HERZEN
und in SEINEM HERZEN

Kannst du nicht vergeben, weil du in deinem Ego verhaftet bist? Dein Ego lässt dich nicht in deine Kraft kommen, in deine Liebe?

Das größte Geheimnis, die wirksamste Methode ist in diesem Fall die Liebe. Nun lachst du, denn wer kümmert sich schon um die Liebe.
Für die sexuelle Liebe ja, doch für die geistige Liebe, nein. Sie kommt an letzter Stelle.

Dabei wirst du selbst schon erkannt haben, wie Liebe beflügelt, wie sie belebt, aktiviert.
Als du deine erste Liebe gefunden hast, erinnerst du dich, wie aktiv, wie gestärkt du durch das Leben gingst?
Jede Tätigkeit, die du mit Liebe verrichtest, macht dich nicht müde, denn Liebe setzt Energien frei, Liebe kann Berge versetzen.

Mit Liebe erreichst du die größten Erfolge. Sie macht fähiger, klarer, scharfsinniger.
Das geistige GESETZ DER LIEBE besagt, dass der Sinn deines Lebens darin besteht, lieben zu lernen, dich zu öffnen, andere „hereinzulassen" - und –
du stößt solange auf Widerstände in deinem Leben, bis du Liebe gelernt hast.

Wenn du nicht vergeben kannst, hast du noch nicht gelernt zu lieben. Du gehst verkrampft und angespannt durchs Leben, verpuffst nutzlos Energien, weil du nicht weißt, wie du mit Liebe arbeiten kannst.
Häufig sind Kopfschmerzen die Ursachen eines unliebsamen Lebens, eines Lebens ohne Vergebung.

Übung
Halte inne (Atmung!) und spüre die Liebe durch dich fließen. Begrüße alle Geschöpfe (Blick!) und lächle ihnen zu. Sofort wirst du die Wirkung spüren.

Liebe ist das größte Geheimnis, ein universelles Gesetz.

Um das Lieben zu lernen, schickt man dir Menschen, wo du dir deiner vielen Schätze bewusstwerden sollst, die du bekommen hast, um zu lieben: Augen, Mund, Ohren, Intelligenz und Herz.

Nicht um andere mit deinen Blicken zu „töten", mit Worten zu „verachten", sondern: um sie zu lieben!

Bei Schwierigkeiten bist du gewohnt, dich auf deine Sorgen zu konzentrieren. Ärger und Groll steigen in dir hoch.

Doch wo deine Gedanken sind, ist deine Energie.
Du fühlst dich immer schlechter und fühlst dich immer kraftloser.

Gegen Regen nimmst du einen Schirm, gegen Kälte ziehst du Kleider an, gegen Rache wirkt Vergebung. Wenn du nicht in Worten vergeben kannst, versuche es in Gedanken.

Übung
Stelle dir die Person gedanklich vor.
Bedanke dich bei dir, dass sie dir etwas aufzeigen will. Stelle sie in einen Lichtstrahl und bade sie in Licht!

Mit einem liebevollen Wort, einer liebevollen Geste, einem liebevollen Gedanken kannst du Gärendes, Faulendes in dir verdrängen und du vergiftest dich nicht selbst.

Richte deinen Blick immer nach oben, nicht nach unten. Richte deinen Blick auf Licht, Weisheit und Schönheit, auf die Liebe.

Deine Gedanken kommen nur dir zu Schaden. Deine Gesundheit wird leiden, wenn du nicht vergeben kannst. Das Rezept: die Liebe.

Liebe ist die größte Kraft im Universum. Liebe ist unendlich, sie fordert nicht, sie ist einfach, Liebe heilt.

Liebe ist eine Säule, ein Fundament zum Glücklichsein und du selbst entscheidest, ob du glücklich und frei sein willst - oder - deine Energie für andere verschwendest und Enttäuschungen erfahren willst. Vergib, verzeih!

Die allumfassende Liebe ist ein gutes Gefühl, das aus dem Herzen kommt.
Du kannst dein WAHRES ICH ausbreiten, in dem man dir „Feinde" schickt, durch die du lernst zu vergeben und dich selbst zu heilen.

Liebe verlangt nicht und fordert nicht, sie öffnet die Tore zu den Herzen und verwandelt Kraft in Harmonie und Frieden.

Übung:
Stelle dir eine liegende Acht vor. In einem Kreis stehst du, in dem anderen Derjenige oder Diejenige dem/ der du verzeihen, vergeben willst: Nun sprich:

> ***Ich vergebe dir, du vergibst mir***
> ***Ich bin göttlich, du bist göttlich***

Das Gefühl der gegenseitigen Achtung und Liebe soll immer mächtiger werden. Gib dir Zeit!

Gibt es einen Schutzengel?

DANKES MEDITATION

Lieber SCHUTZENGEL

ICH DANKE dir für deinen SCHUTZ
Voller Demut lasse ich mich von DIR durchs Leben geleiten
Ich VERTRAUE DIR und bitte dich
mich friedlich durch mein Leben zu geleiten
Ich fühle mich von dir getragen

Gibt es einen Schutzengel?

Probiere es aus...

Versuche im Gebet oder in der Meditation Kontakt zu Engeln aufzunehmen. Warte auf ein Zeichen. Beobachte, was kommt....

Ich bin überzeugt, dass es sie gibt.

Viele Menschen werden von Büchern oder Literatur angezogen, die sich mit Engeln befasst. Gerade in Situationen, wenn sie entmutigt und ratlos sind.

Engeln stehen Menschen, wenn sie gerufen werden, gerne zur Verfügung. Es wird die Zeit kommen, wo sie als untrennbarer Bestandteil unseres Daseins angenommen werden.

Vielleicht kannst du sie auch jetzt schon hören oder sehen.

Du hast viele Schutzengel und sie stehen dir immer und überall zur Seite. Sie sind deine wahren Freunde und Helfer und warten auf deine Bitten.

Doch meist werden sie nicht in Anspruch genommen, weil du glaubst andere Freunde zu haben.

Engeln sind Boten des Himmels und nur weil du sie nicht siehst, darfst du nicht glauben, dass es sie nicht gibt.

Sobald du dich für diesen/ihren Weg öffnest, wirst du in allen Lebensbereichen die Anwesenheit und das Wirken der Engel entdecken.

Lebenssituationen, für die es aus intellektueller Sicht keinen Ausweg gibt, werden sich mit Hilfe von Engelkräften zum Segen aller daran Beteiligten lösen.

103

Da wir uns jetzt in einer Zeit der großen Wandlung und Veränderung befinden, wird der Energiefluss aus der geistigen Welt sehr rasch erhöht. Alles wird feinstofflicher und klarer.

Genau bei dieser Veränderung wollen uns die Engel leiten, denn sie sind die feinstofflichen Verdichtungen Gottes. Mit ihrem Wirken wird der Wandel leichter und einfacher werden.

Deshalb lade DU die Engel in dein Leben ein. Fixiere dich nicht ständig auf das Äußere. Dort sind Probleme viel schwerer zu lösen.

Engel führen dich zu der Erkenntnis, dass im „Außen", in der sichtbaren Welt nur das in Erscheinung treten kann, was in dir ist. Zuerst musst du „Unangenehmes" im Geiste umsetzen, dann erst erzeugst du eine Wirkung im Außen, in deinem Leben.

Bitte sie um Hilfe!

Engeln strahlen Frieden, Harmonie, Freude, Liebe und Licht aus und du wirst sie deshalb immer wieder in der Kunst und Literatur begegnen und in Zukunft auch in deinem Leben.

Engeln sind HÜTER und MITTRÄGER der GEISTIGEN GESETZE des Universums und Engeln warten auf deine Bitten und Wünsche.

Du glaubst nicht, dass sie dich wirklich schützen?

Du hast noch nicht erkannt, dass die sicherste Zuflucht dein Glaube ist, dein Glaube an etwas Höheres, Größeres, der Glaube an das Licht.

Durch das Gebet erhebst du dich bis in die Lichtwelt, die für Gleichgewicht, Frieden und Entfaltung sorgt.

In dieser Lichtwelt findest du deinen Schutzengel, der stets bereit ist, mit dir zu kommunizieren.

Er holt dich aus der Hölle heraus, um dich in den Himmel zu heben. Du musst dir nur die Mühe machen, dich in seine Welt „emporzuschwingen".

Du kannst deinen Schutzengel jederzeit rufen und ihn bitten, dich in schwierigen Situationen zu unterstützen.

Du kannst jederzeit mit ihm in Kontakt treten, er wartet nur darauf.

Werde wachsam und öffne dich diesen guten Einflüssen. Du wirst staunen über die Wirkung.

Engel wollen, dass du an sie glaubst und warten auf eine Verbindung.

Verbinde dich im Gebet mit deinen Schutzengeln.
Vertraue!
Sie helfen dir bei der Erfüllung deiner Wünsche.

Gibt es wirklich eine Seele?

MEDITATION

ICH BIN eine UNSTERBLICHE SEELE
ICH BIN unsterblicher GEIST
ICH verstehe nun das LEBEN
LICHT durchleuchtet mich

Ein geistiges Gesetz lautet:
Du bist ewiges unsterbliches BEWUSSTSEIN, du bist SEELE!

Du bist SEELE und nicht Körper!

Du bist SEELE und hast diesen Körper gewählt, um in diesem Leben deine Aufgaben zu erfüllen.

Würdest du dich als Seele identifizieren und nicht als Körper, würdest du den Tod nicht mehr fürchten.
Die Frage nach dem Sinn des Lebens lässt sich nur in Verbindung mit dem Wissen um eine Existenz über den Tod hinaus beantworten. Dieses Gesetz hängt mit dem Thema der Reinkarnation zusammen, das Thema der Wiedergeburt.

Derzeit glauben 71 % der Weltbevölkerung an die Wiedergeburt, hauptsächlich Menschen der östlichen Welt. Hier in der westlichen Welt lehrte die Religion das Gegenteil.

Weise, Propheten, Auserwählte und Lehrer haben dieses Wissen immer schon weitergegeben, nur in den letzen 2000 Jahren bist du von deiner wahren Identität so weit abgekommen, dass du dich von deiner göttlichen Intuition, von deiner Seele nicht mehr hast leiten lassen.

Aus diesem Grunde schreckt dich der Tod. Er löst Angst und Entsetzen aus, weil du glaubst, nur einmal zu leben, und das in vollen Zügen.
Gerade bei denjenigen, die an ihren Besitz klammern, sind Ängste verschiedenster Art, Thema ihres Lebens.

Wenn du vom Weg und Ziel deiner Seele nichts weißt, glaubst du im Ego dahinleben zu können, „da ohnehin nichts hilft".

Nun aber weißt du um die Bedeutung deiner Seele und ihren Entwicklungsweg und hast keine Ausrede mehr.

Du weißt, welch einschneidende Auswirkungen deine Gedanken, deine Handlungen haben. In jedem Leben wird neu „gepokert". Du erhältst Leben für Leben eine neue Chance dich zu bessern. Greife sie JETZT auf, lebe JETZT in Harmonie.

Das geistige GESETZ DER HARMONIE besagt, wenn du eigenwillig die Harmonie störst, führt das Gesetz unweigerlich wieder den Ausgleich herbei.

Du siehst, alles hängt wieder zusammen, Harmonie, ausgleichende Gerechtigkeit, Wiedergeburt...

Durch dein „unharmonisches" Verhalten stößt du auf Probleme, auf Krankheiten, schwierige Lebensphasen, durch die du als SEELE wieder deinen Weg zurückfinden sollst, um deine wahre Aufgabe wahrzunehmen.
Deine wahre Aufgabe entspricht aber oft nicht jener, die dir von der Gesellschaft übertragen wurde.

Werde dir bewusst, dass du viele Gaben hast, um andere damit zu beschenken.

Nimm´ sie an, dann wird sich der SINN und ZWECK DEINES DASEINS offenbaren.

Ebenso wirst du erkennen, dass jedes Problem, jede Lektion, jeder Augenblick, indem du gelitten hast, notwendig war, dass du deine Gabe entgegennehmen konntest. Diese Gaben sind dein WAHRES ICH. Deshalb LEBE sie!

Wenn du dein WAHRES ICH nicht lebst, werden dir viele Brocken in den Weg gestellt, denn es ist nicht der Weg deiner Seele und sie zwingt dich zur Veränderung, zur Umkehr, zum Überdenken deines Lebens.

Das Universum sorgt dafür.
Du bist eine unsterbliche Seele, lebst in deinem Körper, jedoch das Wesentliche an dir ist dein GEIST.

Geist heißt Spirit, deshalb wird von ihm auch die Spiritualität abgeleitet.
Dein Geist sind deine Gedanken und da der Geist der Kern des Menschen ist, sind es deine Gedanken, die einzig und allein ausschlaggebend sind, für dein Leben, dein Schicksal.

„Was du denkst, das bist du"

Wenn du nun von deinem Leid (welcher Art auch immer) befreit werden willst, überdenke deine Gedanken.

Dein Geist ist dein Leben und dein Leben ist beseelt.
Solange dein Körper lebt, ist er beseelt, wenn dein physischer Körper stirbt, weicht die Seele aus ihm.
Deine Seele vermittelt und trägt das Leben, sie ist die " Infostelle" des Geistes. Dein jetziges und deine früheren Leben sind in deiner Seele gespeichert.
Da deine Seele am Weg ist zur Vollkommenheit und alles, ob gut oder böse, gespeichert hat (an Geistigem, an Gedanken), weiß sie was sie zu tun hat, wo sie inkarniert, auf welchem Ort, innerhalb welcher Familie, in welchem Umfeld, um sich weiterzuentwickeln.

Sie macht das immer mit dem Augenmerk, Vollkommenheit zu erreichen.

Da der Mensch oft nur durch Leid lernen kann, weil er nicht auf seine Seele hört, muss er viel Leid ertragen.

Deine Seele ist wie ein rohes Ei, nimm dein Ei wahr, werde dir seiner Zartheit, seiner Zerbrechlichkeit bewusst, trete nicht auf ihm herum, achte es, wärme es,
es muss sich noch entwickeln....
aus dem noch rohen Ei aber kann vollständiges Leben entstehen,

DEINE VOLLKOMMENHEIT

Mit deinen Gedanken hast du dein Seelen Bewusstsein in der Hand!

Warum gibt es so viel Gewalt und Missbrauch in unserer Gesellschaft?

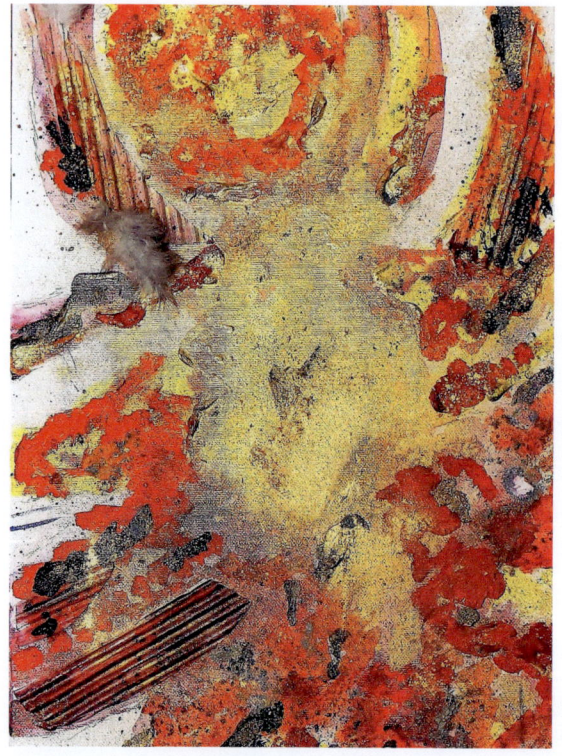

MEDITATION

Ich WANDLE Kritik, Hass und Angst in LICHT und LIEBE UM!
Mein INNERES KIND hilft mir dabei liebevoll.

Kennst du diese Worte?
Das schaffst du nie! Du Faulpelz! Niemand mag dich wirklich! Du bist dumm, unfähig! Du wirst es nie schaffen!
Diese Worte sind ausgesprochene Gedanken oft von Erwachsenen an Kinder und diese Worte prägen. Sie prägen dich, dein Leben, deinen Körper.

Das Kind glaubt die Worte eines Erwachsenen und um sich zu „schützen", fängt es an zu lügen, aufzufallen, zu kränkeln.

In unserer Gesellschaft werden Kinder häufig als weniger Wert wie Erwachsene dargestellt und das hat enorme Auswirkungen.

Verwandte, Lehrer, Eltern und Geschwister handeln und sprechen so, dass der Selbstwert sinkt und all diese Gefühle werden im Laufe des Lebens in den Zellen gespeichert.

Es ist ein ewiger Kreislauf. Der Erwachsene, der als Kind so behandelt wurde, kennt kein anderes Vorbild und geht deshalb auch wieder so mit seinen Kindern um.
Diese Kinder verändern wieder nichts und so geht es Jahrzehnt für Jahrzehnt weiter.

Aggressionen wachsen, Gewalt wächst, Kinder werden missbraucht, eigenes Leid wird dadurch kompensiert.
Jeder Mensch sehnt dich danach, geliebt zu werden und versucht alles zu unternehmen, um diese Liebe zu erreichen, um Anerkennung zu bekommen.

Als Kind bist du fleißig, obwohl du insgeheim wütend bist. Du versuchst ordentlich zu sein, obwohl es dich innerlich vielleicht ärgert.
Du übernimmst fremde Verantwortung, obwohl es in dir kocht. Du lernst folgsam, obwohl dir zum Schreien zumute ist.
Das alles nur um geliebt zu werden.

111

All dein Vertrauen, deine Intuition, deine Kreativität, deine Spontanität, deine Neugier...mit der du auf diese Erde gekommen bist, wird dir schon im Kindesalter genommen.

Stattdessen entwickelt sich ein starkes Ego.

Auswüchse davon sind Rechthaberei, Schmollen, Schweigen, Kritiksucht, Schuldgefühle, Neid, Wut, Gewaltanfälle, Zorn oder Ängste und diese lösen Aggressionen aus.

Das Unterdrücken dieser Eigenschaften hat dich früher geschützt, hat dich bewahrt vor dem Alleingelassen werden, Nichtgeliebt werden. Doch nun?

Nun solltest du gegen diese Eigenschaften, die dich krankmachen, ankämpfen, aber auf andere Weise, um so wieder dein Gleichgewicht zu finden.

Du hast nämlich beides in dir, das Gute und das Böse. Das Gute in dir ist dein eigentlicher Kern, dein WAHRES ICH, zu dem du, wenn du aggressiv bist, keinen Kontakt findest.

Genau mit diesem Kern solltest du in Berührung kommen: es ist dein inneres Kind, dein Bauchgefühl, deine Intuition, wie immer man es nennen mag.

Dein inneres Kind weiß, was ihm guttut, was ihm fehlt. Du hast es nur im Laufe deines Lebens immer mehr ignoriert.

Doch nun höre wieder auf dieses Kind, es will dir etwas sagen. Gutes und Böses ergänzt sich immer, das ist das GESETZ DER DUALITÄT.

Übung
Wenn du Aggressionen lebst, versuche herauszufinden, warum du sie hast, was dich in deiner Kindheit bedrückte oder was dich jetzt bewegt. Was hat dich verletzt?

(Du reaktivierst mit deiner Aggression in einer bestimmten Situation ein Kindheitsmuster, dieses versuche dir bewusst zu machen)

Denke an deine Aggression als du ein Kind warst und male ein Bild dazu oder schreib auf, was dich damals bewegte oder fange an zu tanzen, zu weinen...lass los auf diese Weise.

Lass zu, dass deine Gefühle ans Tageslicht kommen dürfen, mach dir bewusst, was es ist.

Mit Hilfe deiner Kreativität, durch Sport, Tanz, Malen, Schreiben verarbeitest du diese Ängste, die in dir stecken. In schwereren Fällen ist es natürlich ratsam, eine Beratung aufzusuchen.
Unterdrückte Gefühle oder Aggressionen sollen in irgendeiner Form gelebt werden, sonst werden sie immer größer.

Hinter all den Aggressionen, wie Zorn, Wut, Neid, Hass...steckt Angst und Angst hemmt dich in deiner Entwicklung.
Deshalb gilt es diese Angst herauszufinden.

Übung

Welche Aggression blockiert mich in meinem Leben?
Welche Angst steckt dahinter?
Was sagt mir mein Gefühl?

Angst ist das Gegenteil von Liebe.
Wer Angst hat, lebt nicht.

Angst blockiert!

Aggression ist die Folge von Angst und Angst kann nur durch Liebe behoben werden.

Wie geht es dir, wenn du das liest?
Wie bist du?

Bist du auf andere konzentriert?
Lebst du deine Aggressionen in Form von Wut aus?
Sind deine Gedanken negativ?
Welche Gefühle überwiegen?
Bist du oft in Rage, in Wut?
Bist du gewalttätig?
Hast du genug eigene Kraft?

Übungen

Richte dein Augenmerk auf liebende Dinge, bevor du wütend wirst.
Bevor deine Aggressionen ausbrechen, gib´ dir 5 Minuten Zeit und versetze dich in die Lage des anderen Menschen, du wirst nicht anders können, als ihn zu verstehen.
Oder
Du machst dir bewusst, dass dich nicht alle mögen können, aber es gibt so Viele, die dich mögen.

In jedem Augenblick sollst du von schönen Gedanken geleitet sein.

Deine Empfindsamkeit soll himmlischen gegenüber geöffnet sein, Negativen und dunklem verschlossen bleiben!

Wenn du nur empfindsam gegenüber dem Negativen bist, wirst du krank. Erfreu dich an allem Schönen, Blumen, Vögel, Freunde.

So stärkst du dich. Wenn du nicht übst, dich zu stärken, bist du das nächste Mal wieder am Boden.

Ständig wirst du geprüft und nur so lernst du.

Das niedrige EGO zu überwinden ist eine der Hauptaufgaben im Leben.

In diesem Punkt muss noch viel getan werden, wenn man sich so umsieht. Deshalb diese Übungen.

Aber alle Probleme unserer Gesellschaft stammen aus der Spaltung zwischen Erwachsenen und dem Kind.

All diese lieblosen Gedanken, die zu Worte und Handlungen werden, gibt eine Generation der nächsten weiter und die dementsprechende Energie manifestiert sich auf dem Planeten Erde.

Trage du deinen Teil bei, dass deine „niedrigen" Eigenschaften durch sinnvollere Tätigkeiten „erlöst" werden, denn sie nehmen dir die klare Sicht auf deinen Weg.

Warum fühle ich mich „fallengelassen"

MEDITATION

ICH spüre das NETZ der LIEBE und GEBORGENHEIT,
das mich trägt
Das NETZ umhüllt meine Familie, meine Wohnung,
meine Umgebung
ICH BIN GETRAGEN

116

Du fühlst dich von deiner Familie, von Freunden, von Kollegen oder von deinem Partner fallengelassen, weil du nicht erkannt hast, dass auch du jemanden fallen lässt.

Glaubst du deinen Verantwortungen und Verpflichtungen entgehen zu können, um ein angenehmeres Leben zu genießen, dann kennst du die geistigen Gesetze nicht. Sie sind streng, aber gerecht.

Wir alle sind miteinander vernetzt, verstrickt, gefangen.
Wir alle sind voneinander abhängig, der reiche Scheich vom ärmsten Kind, du von mir und ich von dir.

Dies ist das Gesetz des ALL EINS SEINS.

Leid, dass du jemanden zufügst, wirst du an deinem Leib wieder erfahren.
Papst Johannes Paul wusste das, deshalb begegnete er seinem Attentäter mit enorm viel Liebe. Er beglich eine frühere Schuld.

Wenn du jemanden nicht wiedersehen willst, begleiche diesem Menschen gegenüber sofort alle Schuld. Vergib, sonst kommt er erst recht wieder in dein Leben.
Hier ist Liebe umso wichtiger.

Wir haben im Laufe unserer Leben viel Gepäck angesammelt, leichtes und schweres, Steine und Schulden.

Du trägst diese Gepäckstücke täglich mit dir herum und trägst Verantwortung. Du warst derjenige, der den Rucksack gepackt hat.

Du kannst den Rucksack nicht einfach stehen lassen.
Du bist verpflichtet, ihn bis zum Ziel zu tragen. Doch du kannst dich ab und zu von einem Stück trennen.

Deine Gepäckstücke können sich verändern.

Die geistigen Gesetze sind streng, aber gerecht. Sie regieren dein Schicksal.
Kannst du irgendjemand nicht leiden oder fühlst du dich von ihm im Stich gelassen, so drück dich nicht vor der Verantwortung, kläre die Situation.

Das geistige GESETZ DER AUSGLEICHENDEN GERECHTIGKEIT zwingt dich sonst dazu, alle Menschen, die du nicht ertragen konntest, wieder zu begegnen. In diesem Leben, im nächsten, wer weiß?

Wie oft schon hat das Karma einen Menschen gezwungen, seine Eltern, seinen Partner, seine Kinder oder Chef in einer nächsten Inkarnation wiederzutreffen?

Wenn dich das Schicksal ganz bestimmten Lebensumständen aussetzt, so gibt es einen Grund dafür.

Du musst trainieren, deinem Schicksal gegenüber widerstandsfähiger zu werden.
Übe dich, gewissen Gefahren die Stirn zu bieten, durchzuhalten, psychisch und moralisch.

Wenn du an einem Punkt angelangt bist, wo du die Situation nicht mehr ertragen kannst, entferne dich ein wenig und nimm erneut Anlauf. Komm wieder zurück!

Mach solange weiter, bis du wirklich standhaft geworden bist.

Du kannst Schwierigkeiten nicht wirklich aus dem Weg gehen.
Sie holen dich immer ein.

Erkennst du dieses Zusammenspiel, dieses geistige Gesetz, so wird das Netz der Menschen engmaschiger und stabiler werden.
Aus dem luftmaschigen Netz wird ein grobgewebter Stoff!

Jeder von uns ist hier mit einem riesengroßen Gepäckstück, dem „karmischen Rucksack".

In diesem steckt alles, was du im Laufe deiner Reise angesammelt hast.
Alles, was du im Rucksack vorfindest, benötigst du, um deinen Weg erfolgreich weitergehen zu können.

Es kann sein, dass du hier bist, weil du viel Schuld auf dich geladen hast und diese nun wiedergutmachen musst, daher fühlst du dich oft „fallengelassen".

Bist du schon etwas weiterentwickelt, bemühst dich um gute Eigenschaften und Tugenden und bringst Verschiedenes wieder in Ordnung.
Bist du noch höher entwickelt, brauchst nicht viel in Ordnung zu bringen. Du zeichnest dich durch dein hohes Bewusstsein und große Tugendhaftigkeit aus. Du verwendest deine Zeit, Gutes zu tun.

Die vierte Stufe, ist jenes Leben, wie das von Jesus Christus. Anstatt unermessliches Glück zu genießen, kommst du aus Erbarmen und Mitleid für die Menschen. Um ihnen zu helfen, nimmst du es sogar auf dich, getötet zu werden.

Es liegt an deinen jetzigen Handlungen, ob du das nächste Mal eine Stufe höher steigst oder noch tiefer fällst.

Daher frage nicht, ob dich derjenige liebt, den du liebst, liebe einfach. Nur so erschließt du den Kreislauf. Liebe fließt von einem zum anderen und kommt tausendfach zu dir zurück.

Deine Belohnung, wenn du liebst, ist die innere Beglückung und Wärme. Du bist erfüllt mit dieser Kraft. Es gibt keine größere Belohnung im Loben als die beglückenden Gefühle der Liebe.

Liebe, ohne etwas zu erwarten!

Das ist ein geistiges Gesetz, das alles heilt und aufhebt. Du fühlst dich nicht mehr fallengelassen. Man wird dir deine innere Freude, deine innere Fülle ansehen und Menschen werden sich dir nähern.

<u>Warum ist mein Kind verhaltensauffällig?</u>

MEDITATION

Ich höre das Plätschern des Wasserfalls
Ich höre mein Kind und seine Seele

Ich spüre den Wasserstrahl und spüre seine Wirkung
Ich umarme mein Kind und spüre seine Liebe
Ich sehe auf den friedlichen See
Ich erkenne die Träume meines Kindes

Dein Kind ist anders, damit sein Umfeld erkennt, dass es auch noch andere Wege gibt.

Wenn ein Kind zur Welt kommt, ist es üblicherweise wie ein Delfin, lebendig, frei, voller Frische und übersprudelnder Energie.

Doch nach und nach nimmst du ihm, die eine oder andere Eigenschaft, denn: es passt nicht in die Norm der Gesellschaft.

Es soll so sein, wie du es dir wünscht. Dann wird es geliebt, dann überhäufst du es mit materiellen Dingen.

Vieles in unserer Gesellschaft ist so aufgebaut, dass „individuelle" Kinder oder Erwachsene kritisch betrachtet werden.

Aber wollen wir wirklich, dass jeder gleich sein soll?

Dein Kind ist wie ein Quellwasser, das von der obersten Spitze eines Berges in voller Frische in einzigartiger Lebendigkeit heruntersprudelt.

Es ist so klar wie das Bergwasser, enthält einzigartige Tropfen, die Leben erwecken. Doch beachtest du diese Einmaligkeit?

Weder ist dir bewusst, wie wertvoll das Wasser ist, das vom Gebirge ins Tal fließt, noch erkennst du vielleicht die Talente und die Individualität deines Kindes.

Sonst würde es mit seinem auffälligen Verhalten nicht aufmerksam auf sich machen. Doch es spiegelt dir etwas. Du sollst erkennen, dass es da noch mehr gibt, als Normen, Gesetze und einheitliche Schemata.

Den Kindern wird heute nichts mehr vermittelt, was sie stärkt und ihnen Kraft gibt.

Sie müssen funktionieren, weil du selbst damit beschäftigt bist, materiellen Dingen nachzujagen.

Wir prägen sie mit Worten, Gesten und Blicken.

Kinder sind schon sehr früh zum Leistungsdruck „verurteilt".

Sie sollen bald selbstständig sein, gute Noten heimbringen, ein Musikinstrument lernen, im Verein mit Bestleistungen brillieren...und was passiert mit ihren Seelen?

Diese schreien um Hilfe und keiner will sie hören.

Dein Kind ist vorlaut, es benimmt sich auffällig oder zieht sich zurück. Es ist schüchtern, traut sich nichts zusagen oder es greift zu Drogen, Alkohol....Alles nur um die Aufmerksamkeit auf sich zu lenken.
„Seht her, ich bin auch noch hier! Ich will das alles nicht!"

Es gibt wenig Gespräche, wenig gemeinsame Unternehmungen, keinen Zusammenhalt, nichts das Kraft gibt und nichts, wodurch es gestärkt durch das Leben gehen kann.

Der Glaube wird belächelt, doch:

Wo kein Glaube, dort steigt die Anzahl psychisch Kranker.

Den Menschen fehlen die Wurzeln. Es fehlt der Rückhalt, der Selbstvertrauen gibt.

Deshalb würde ich allen Schulen empfehlen in diese Richtung Fächer einzuführen: Bewusstseinerweiterung, Selbstwertstärkung, Meditation, Vermittlung von Lebensfreude....

Ein Schulversuch wäre es wert!

Der Selbstwert der heranwachsenden Generation sinkt nämlich enorm, nicht nur durch den Druck in der Schule, auch allgemein durch die zwischenmenschliche Kommunikation (Blicke, Worte, Gesten und nun auch das Handy)

Das sind alles Schäden, welche die Seele abspeichert.

Wir alle sind Menschen, haben eine ähnliche Kindheit miterlebt, auch unser Ego ist gekränkt worden, unser Selbstwert verletzt.

Als Kind haben wir manchen Lehrer oder Erwachsen gehasst, weil sie mit uns so umgegangen sind. Jetzt arbeiten wir im selben Muster weiter.

Auch diesen Erwachsenen fehlte der Rückhalt, die starken Wurzeln.

Wie sollen sie dann die nächste Generation zu großartigen Leistungen motivieren?

Ich kenne kaum jemanden, der nicht ein Schlüsselerlebnis aus seiner Schulzeit von einem Lehrer oder einem anderen prägenden Erwachsenen erzählen kann, sowohl in die eine als auch in die andere Richtung.

Gerade die Lehrer sind es, die einen großen Anteil zur Bewusstseinserweiterung in unserer Gesellschaft beitragen, da die Kinder sehr viel Zeit in der Schule verbringen.

Doch das sind sich die meisten nicht bewusst!

Ihnen ist nicht bewusst, welch hervorragende, gewinnbringende Arbeit sie für unsere Gesellschaft leisten können.

Kinder von heute prägen die Gesellschaft von morgen.

Ich denke,

das Formen des Charakters,
die Vermittlung des Glaubens,
die Sinnfindung,
das Herausfinden seiner eigenen Lebensaufgabe

wären wichtiger, als die Anhäufung von Kenntnissen, die
ohnehin gleich in Vergessenheit geraten.

Die Schwierigkeiten, die daraus resultieren, fallen uns alle am Kopf.

Heute ist das Ziel der Eltern und auch der Kinder, einen Beruf zu wählen, wo man viel verdient.

Doch ist es dann auch der Beruf, zu dem sie berufen sind?

Wo persönliche Fähigkeiten eingesetzt werden können?

Am Ende stehen wir frustrierten, mürrischen Erwachsene gegenüber, die nichts ausstrahlen, die nur in oberflächlichen Vergnügungen, Zerstreuung suchen und dem Glück hinterherjagen.

Gib du als Erwachsener den spirituellen Dingen den Vorrang und vermittle dies auch deinen Kindern.
Nur so kannst du die Wurzeln deiner Kinder stärken, damit das Pflänzchen im Wind nicht umfällt.

Suche bewusst Bücher, die mit geistigem Wissen zu tun haben, inspirierende Musik, die nicht das Nervensystem aufreibt.
Es gibt viele große Dichter und Musiker... in deren Werken der geistige Teil eine große Rolle spielt. (Mozart, Goethe...)

Sieh dich um, wie viele Seelen nach Hilfe rufen. Das ist der Schrei nach geistiger Nahrung.

Durch materielle Nahrung werden sie nur kurzfristig gesättigt.
Oder findest DU die Erfüllung im Alkohol, im Nikotin, in einem neuen Auto?

Die Katastrophe bleibt nicht aus.

Richte deinen Blick hinauf, nicht hinunter.

Kinder sind wie Delfine und Delfine brauchen Freiheit, deshalb lehre sie nur die Grundbegriffe des Schwimmens!

Kinder sind wie sprudelndes Wasser. Verschließe kein Wasser in einer Flasche, es wird bald „abgestanden" und fad schmecken, lass es in seiner vollen Energie!

Abgestandenes Wasser gibt es genug!

Gehe auf dein Kind ein, lass seine Seele sprechen!

Warum fehlt mir die Lebensfreude?

MEDITATION

Betrachte eine Kerze solange bis es dir gelingt,
dich mit der Flamme zu verbinden.

ICH VERBINDE mich mit der FLAMME des LICHTS
Ich spüre diese Kraft der AUFGEHENDEN SONNE in mir
und fühle wieder meinen GEIST
in Gedanken VERBRENNE ich eine Eigenschaft,
die mir die Freude am Leben nimmt.

Kurzzeitig blitzt sie wieder auf, diese Freude, deine Lebensfreude.
Ähnlich der Freude eines Kindes, das sich auf seine Zuckerwatte am Jahrmarkt freut.
Doch das Glück, die Freude ist nur von kurzer Dauer. Diese süßen Momente im Laufe des Lebens werden weniger, wie der Genuss von Zuckerwatte.
Doch warum ist dieses Feuer erloschen?
Welchen Umgang, mit welchen Menschen pflegst du?
Welche Freunde umgeben dich, welche Gedanken?
Spüre nach, ob dir die Menschen um dich, guttun?
Lassen sie dich die Dinge klarer sehen?
Erwecken sie in dir Großzügigkeit und Güte?
Inspirieren sie dich bei deiner Arbeit?

Wenn ja, sind das Menschen, die dein Leben bereichern, die bei dir das Feuer entfachen, welches in dir die Lebensfreude erweckt.

Umgib dich mit lichterfüllten Menschen!

Stellst du fest, dass bei dir durch diese Menschen alles durcheinandergerät, du nicht mehr weißt, wo dir der Kopf steht, du feindselige, ablenkende Gefühle spürst, keine Unternehmungslust empfindest, versuche diese Menschen eine Zeit lang zu meiden. Sie haben einen schlechten Einfluss auf dich.

Dasselbe gilt auch bei Gedanken, die du momentan hegst.
Überprüfe, ob sie sich mit Trauer oder Freude erfüllen.
Schlechte Gedanken lass fallen, orientiere dich an Positiven.

Nun glaubst du, so leicht ist das nicht.
Dann bitte um Hilfe! Weihe Menschen und Orte oder Gegenstände, befreie dein Haus, deine Wohnung, deinen Garten, deinen Arbeitsplatz vor negativen Einflüssen, die dich „hinunterziehen".
Spüre selbst nach, wo Segnung oder eine Weihung notwendig ist.
Weihe sie einer Tugend!

127

„Ich weihe mein Haus zum Platz der Geborgenheit" zum Beispiel. Du wirst spüren, wie lichterfüllt der Ort durch deine Gedankenkraft werden kann.

Viele Religionen arbeiten mit der Wirkungskraft der Weihung und jeder kann das auch für sich tun.

Du fühlst dich durch eine Weihung gestärkt und unterstützt, auch wenn es dir momentan noch fremd vorkommt.

Handy, Fernsehgeräte, alles kannst du segnen und weihen, damit sie für dich eine positive Kraft ausstrahlen.

Segne ein Gerät, mit dem du dich oft umgibst!

Deine Lebensfreude kann auch erloschen sein, weil du rund um dich nur zornige, traurige, angespannte Gesichter siehst. Dieses Unbehagen überträgt sich auch auf dich.

Viele Menschen sind unaufhörlich dabei, ein trauriges Leben zu schaffen. Sie geben sich nicht einmal die Mühe ein offenes, lächelndes Gesicht zu zeigen.

Sie wissen nicht, was sie hinterlassen. Mit Tricks versuchen sie ihr Äußeres zu verschönern, doch das Innenleben strahlt nichts aus.

Wahre Lebensfreude kommt von innen, indem du Warmherzigkeit verbreitest, ausdrucksvoll strahlst und voller Leben bist. Das gelingt dir, indem du deinem Feuer frische Nahrung gibst.

Das kann folgendermaßen funktionieren:
DAS LEBEN IST EIN VERBRENNUNGSPROZESS. Wer unmäßig lebt, verschwendet seine Energie.

Energie ist nicht unerschöpflich vorhanden, deshalb kann es schon vorkommen, dass du plötzlich nichts mehr empfindest, keine Freude verspürst, du „läufst" auf Sparflamme.

Um dein Feuer wieder zu entfachen, hol dürres Holz herbei, krumme hässliche Äste, alte Zweige und verwandle sie in Licht.

Wirf alle selbstsüchtigen, leidenschaftlichen Tendenzen ins Feuer: Eifersucht, Sinnlichkeit, Zorn...und beobachte die Flamme. Sie wird dich nähren.
Spüre nach, was dir die Kraft nimmt. Welche Eigenschaft ist es?

Wenn du weiterhin in deiner niedrigen Natur lebst, dich hinunterziehen lässt, werden deine alten Äste noch lange liegen bleiben und du benötigst unnötige Zeit, um dieses alte Zeug endlich lodern zu sehen, um wieder Wärme, Freude und Licht zu spüren.

Übung
Feuer ist das Symbol für Leben. Sei dir bewusst, wenn du eine Kerze anzündest, berührst und aktivierst du diese Kraft.
Du kommst in Berührung mit den 4 Elementen, die notwendig sind, dich zu spüren, dich zu kräftigen, zu ermuntern.

Die Kerze selbst ist etwas Festes, sie stellt die Erde dar.
Beim Anzünden ist das Feuer da, wenn sie nach und nach schmilzt, entsteht ein See, das Wasserelement. Und die Luft ist ohnehin anwesend, denn ohne Luft erlischt das Feuer.

Die Flamme ist also Licht und Licht erwärmt und belebt, so kann Leben und Freude in dein Herz zurückkehren.
Beobachte eine Kerze, die lebendige, klare Flamme, die vor dir tanzt. Sie zeigt Elan, Bewegung und strahlt einen hellen Schein aus. Sie ist Symbol der Sonne.

Vielleicht verstehst du nicht, warum du dich mit der Flamme verbinden sollst. Vielen Menschen ist dieses Wissen nicht vertraut.

Diese Aktivität geht über deinen Intellekt hinaus. Aber ich denke, es wird dir für immer Wesentliches fehlen, wenn du dich auf deine jetzige Einstellung beschränkst.

Entscheide dich, einen Schritt weiterzugehen, versuche es!
Feuer hat segensreiche Wirkung und zieht wunderbare Kräfte an, um die du nicht kommst, wenn du den Weg der Freude einschlägst.

Was ist mein Weg?

MEDITATION

Es ist mir egal, wie lange ich brauche, mein Ziel zu erreichen,
ich übe mich in Geduld!
Ich genieße das HIER und JETZT und bin mir
meines Glückes bewusst

Dein Weg ist vorherbestimmt, deine Seele ist mit einem Plan gekommen. Ob du nun „am Weg" bist, erkennst du, wie dein Leben verläuft. Du hast deinen Weg gepflastert durch alle Gedanken deines jetzigen oder deiner früheren Leben.

Nun ist es wichtig, deine Gedanken zu formen, denn du legst die Grundsteine, für die Pflasterung deines nächsten Weges.

Deine Gedanken haben eine enorme Bedeutung und deine Energie hängt vom Ideal ab, das du anstrebst. Deshalb ist es sehr wichtig zu erkennen, mit welchem Ziel du arbeitest: mit einem höheren, lichtvollen Ziel?
Oder ist dein Ideal, eine Person, die trinkt, dich schlägt...dich ausnützt?
Oder hast du dein Ideal noch nicht gefunden, weil du gerade für eine bessere Position kämpfst?

Je nach dem, welches Ziel du gerade verfolgst, dorthin richten sich deine Energien.
Deine Energien vergeudest oder vertiefst du dort, wohin du deine Gedankenkraft richtest!

Wenn du nun dein Leben einem erhabenen Ziel widmest, wird es reicher und intensiver. Viele Möglichkeiten stehen dir offen. Dein Weg wird leicht.
Verschwendest du deine Energien in Vergnügungen, Leidenschaften und Emotionen, bezahlst du das mit deiner Lebenskraft. Dein Weg wird etwas steiniger.

Du hast in jedem Augenblick die freie Wahl dich zu entscheiden.

Dein Geist zählt, er ist der Kern eines jeden Menschen. Er ist deine Gedankenkraft, und diese Kraft hinterlässt Spuren in der Welt, im Universum. Deshalb sollte es dein Ziel sein, dein Leben spirituell auszurichten.

Wenn du dich nun ernsthaft mit einer geistigen Arbeit beschäftigst, folge einer Philosophie, sonst verlierst du den Kopf.
Es wäre in der physischen Welt dasselbe, wenn du durcheinanderisst, macht dich das krank. In der geistigen Welt ist es nicht anders: Egal welchem Glauben, welcher Religion, du den Vorzug gibst, verfolge nur eine Richtung!

Es ist ratsam, dein Leben in regelmäßigen Abständen zu überprüfen. Manchmal stehst du nämlich an einer Weggabelung, ohne es zu bemerken.
Durch deine vielen Aktivitäten und Sorgen verläufst du dich allzu oft in eine Richtung, die dich von deinem Ziel abbringen. Deshalb ist es wichtig, oft inne zu halten, auf das Herz zu hören und Herzensentscheidungen zu treffen.

Überlege:
Soll ich etwas in meinem Leben verändern?
Bin ich auf meinem Herzensweg?

Du vergisst, dass du nur kurze Zeit auf der Erde bist.
Alles Materielle, jeden Titel, jede gesellschaftliche Stellung, um die du dich so bemüht hast, musst du hierlassen. Aus diesem Grund sind solche Ziele, nicht die wirklichen glücksbringenden Ziele.

Dies bedeutet wieder zurückzugehen: Veränderungen in Kauf zu nehmen, einen anderen Weg einzuschlagen.

Hältst du nicht inne und kommst nicht von allein drauf, helfen dir Krankheiten, Unfälle, und andere Schicksale weiter. Sieh´ Krankheitsbilder als Freunde, nimm dein Schicksal an! Es will dich nur auf deinen Weg erinnern.
Das Ziel erreichst du nicht immer auf der kürzesten Strecke. Nein, der Weg kann auf und ab gehen, Steine können im Weg liegen. Doch sie machen deinen Weg einzigartig.

Konzentriere dich auf das Wesentliche. Folge deinem Ideal, das ist das Ziel. Triff Entscheidungen aus dem Herzen.
Achte auf das Schöne rund um dich.

Du erkennst all das, was dein Leben auf so wundersame Art bereichert.

Was bereichert dein Leben?

Ein gesunder Körper? Eine intakte Familie?
Danke deinem Körper und segne ihn, danke deiner Familie und segne sie...
Dein Haus, deine Wohnung, deinen Garten, das Wasser, die Tiere, dein Land, die Welt, die Blumen und Pflanzen, den Baum und den Wald, den kleinsten Käfer, der gerade an dir vorüberkrabbelt.
Danke der Sonne, dem Licht und segne es!

Der Weg ist dein Ziel, aber vergiss nicht das Schöne am Wegrand zu beachten!

Du betrachtest den Schmetterling, der sich gerade auf den Rosenstrauch setzt, du kannst dich an jedem Grashalm, der sich in der ersten Frühlingssonne räkelt, erfreuen. Du erkennst das Wunder neben dir!

Der Weg ist dein Ziel, aber vergiss nicht die Rosen am Wegrand zu beachten!

Vergnügen, Geld und Komfort ist nicht unvereinbar mit einem spirituellen Leben, es kommt immer darauf an, für was du es nützt.

Der Sinn des Lebens ist die geistige Arbeit!

Es ist die Arbeit, deine Gedanken in Form zu bringen, sie auf Höheres zu lenken, deine Gaben zu finden und öffentlich zu machen, wenn möglich in der Vertrautheit einer Gruppe, um noch mehr auf Erden zu bewegen!

Liebe Leserin, lieber Leser!

Ich hoffe, dass Sie durch dieses Buch wertvolle Anregungen für Ihr tägliches Leben erhalten haben.

Ich wünsche Ihnen alles Gute auf Ihrem Weg.

Lassen Sie sich so oft wie möglich, von den Strahlen des Lichtes berühren, sodass sich Ihr Bewusstsein erhellt.

Alles LIEBE,

Petra

PS: Bei dieser Neuauflage haben sich auch einige getöpferte Glaskeramik Bilder von mir eingeschlichen.

Raum für persönliche Notizen